KB158140

시간이 부족해
국어 시험 망친
십대에게

시간이 부족해
국어 시험 망친
십대에게

알아두면 좋을 딜레마·신드롬·효과·법칙

이윤옥 지음

초봄책방

'문해력'을 국어 교육학 사전에서 찾아보면, "의사소통을 목적으로 하는 문자 언어의 사용 능력"이라고 정의한다. '의사소통'이라는 목적만 놓고 보면 무척 단순한 정의다. 그런데 우리 십대들의 '문자 언어 사용 능력'이 과연 원활한 의사소통을 할 수 있는 수준인지는 생각해 볼 문제이다.

십대들은 매번 문자 언어 사용 능력을 확인받는 환경에 놓여있다. 시험지 중에서 가장 많은 쪽수를 차지하는 국어, 16쪽에 달하는 모의고사, 논술형 수행평가 등등. 그래서 시험이 끝나면 어김없이 터져 나오는 탄식, "시간이 부족했어!"

똑같이 주어졌어도 누군가는 적당하고, 누군가는 부족했을 이 시험 시간은 고스란히 시험점수에 반영된다. 시험점수는 곧 나의 문자 언어 사용 능력이다.

얼마 전에 EBS에서 방영된 〈당신의 문해력〉이라는 프로그램은 우리 십대들이 처해있는 문해력의 현주소를 여실히 보여주었다. 결론만 말하자면, 어휘력 검사 대상이었던 중학교 3학년 학생들은 10명 중 1명만이 교과 내용을 이해할 수준의 어휘력을 가지고 있었다. 이 충격적인 상황은 교과서에 나오거나 교사가 구사하는 어휘들이 십대들의 머릿속으로 들어가는 것이 아니라 허공에서 구름처럼 떠다니는 모습을 상상하게 한다.

문해력을 얘기할 때 늘 강조되는 것은 '어휘력'이다. 교사들이 수업 중에 가장 많이 받는 질문이 "그게 무슨 뜻이에요?"라는 사실. 시험문제를 풀면서 선택 지문에 나온 어휘의 뜻을 몰라 틀렸다는 학생들도 많다. 어휘력만 문제가 아니다. 문장의 맥락을 이해하지 못하거나 문단과 문단의 관계도 파악하지 못한 채 읽어내기만 하는 경우도 많다. 결국 핵심 내용을 파악하지 못하니 읽은 글의 내용을 알 턱이 없다.

문해력과 학업성취도는 분리할 수 없는 혼연일체의 관계이다. 수포자를 넘어 국포자, 과포자, 사포자라는 말들이 학생들 입에 오르내린다. 국어만 하더라도 시는 암호문처럼 느껴지고, 소설 속 사건의 인과와 갈등은 파악이 안 되고, 독서는 모르는 어휘투성이라 읽기를 포기한다는 게 십대들의 생생한 증언이다. 영어 시험이 국어 시험보다 평균 점수가 높아진 지 오래다. 개념어의 집합체를 억지로 욱여넣듯이 외우는 과학과 사회 과목은 학생들의 가장 큰 적이다. 어휘력이 떨어지니 문해력이 떨어지고 모든 교과목의 학업성적도 떨어지는 악순환의 고리가 이어지고 있다.

설상가상으로 코로나19 팬데믹 때문에 화상수업이 일반화되면서 십대들의 문해력 저하는 더 큰 문제가 되었다. 전반적인 문해력 저하도 문제지만 십대들 간의 문해력 격차도 심각한 수준이다. 십대들은 읽는 매체가 아닌 보고 듣는 매체에 익숙해지면서 문자 언어와 멀어져간다. 이로써 지문이 조금만 길어도 읽기를 포기하는 십대들이 많아졌음을 교사들은 실감한다.

오랫동안 국어와 독서 논술 교육 현장에서 일해온 내가 보기에 문해력을 높이는 방법으로 꾸준한 '독서'만 한 게 없다. 그런데도 이 방법이 실질적 해결책이 되기에는 여러 걸림돌이 가로막는 게 현실이다. 초등학생이야 이제라도 독서를 습관화하도록 한다 쳐도, 문제는 중고생이다. 빠듯한 일정에서 스마트폰을 들여다보는 게 쉼이 되어버린 이들에게 책 읽으라고 채근할 수 있을까?

어느 날 한 학생이 내게 포털사이트 개념어 풀이도 내용이 어려워서 이해하지 못하겠다고 푸념해 왔다. 나의 고민이 시작됐다. 개념어 풀이가 새로운 개념어를 낳는 것이 아니라 개념어 자체의 이해를 도울 방법. 이왕이면 교과목이나 모의고사 독서 영역, 논술고사에 출현한 개념어. 더 나아가 앞으로 여러 교과목에서 다뤄질 개념어. 이것들을 한 그릇에 담아낼 수는 없을까.

이 책《시간이 부족해 국어 시험 망친 십대에게- 알아두면 좋을 딜레마·신드롬·효과·법칙》이 바로 이 단순한 고민에서 나온 결과물이다.

 제목이 주는 날 것의 느낌대로 일단 십대들의 학업성취도에 도움을 주는 데 목적을 두었다. 독서 영역 자체가 인문, 사회, 과학, 기술, 예술 전 영역을 다루기 때문에 모든 교과목과 연관성이 깊다. 그러다 보니 워낙 방대한 양의 개념어들이 들어있고, 이를 설명하는 개념어 풀이들도 불친절한 경우가 많다. 그래서 학생들이 실생활에서도 흥미를 느낄 법하고, 실제 시험에도 출제된 바 있는 4개의 주제어를 선별했다. 또한 개념어에 대한 이해를 돕기 위해 학생들이 실생활에서 겪을 수 있는 일들을 예시로 들었다. 시험에 출제된 적이 있는 개념어들의 경우 출제 지문을 요약하여 개념어들이 시험에서 어떻게 다뤄지는지 이해를 돕고자 했다.

 이 책이 십대들에게 딱딱한 내용의 편지 같은 책이 되지나 않을까 싶어 사실 걱정스러운 마음도 있다. 그러나 부디 이 책이 팔만 뻗으면 닿을 수 있는 곳에 자리 잡고서 작은 도움이라도 줄 수 있길 바라본다.

2024년 8월

이윤옥

차례

PART 1

딜레마(Dilemma)

전략적 선택의 이해득실

딜레마란 … 17
: 사회적 딜레마(Social Dilemma)와 도덕적 딜레마(Moral Dilemma)

PART 3

신드롬(Syndrome)

이유 있는 아픔

딜레마(Dilemma)

전략적 선택의 이해득실

딜레마란

사회적 딜레마와 도덕적 딜레마

'딜레마(Dilemma)'란 두 가지 이상의 선택지를 두고 갈등하는 곤란한 상황을 말한다. 두 가지 중 하나를 선택해야 한다면, 둘 다를 선택할 수도 포기할 수도 없으므로 선택에 따라 이익을 얻거나 손해를 감수할 수밖에 없다. 그래서 딜레마는 이익과 손해가 분명하게 드러나는 선택보다는 미묘한 차이로 인해 무엇을 선택해도 만족스럽지 않을 것 같은 상황에서 생긴다. 하나를 선택했을 때 다른 선택지들은 모두 포기해야만 하기 때문이다.

딜레마는, 사전에서 만족스럽지 않은 두 가지 이상의 상황에서 한 가지를 선택해야 하는 어려움, 두 가지 행동양식 중 한 가지를 선택해야 하는 어려움이라고 설명한다. 국어사전에서는 양도논법, 진퇴양난(進退兩難)이라고 정의한다. 딜레마가 논리학의 삼단논법 유형 중 양도논법(dilemma)의 구조를 취하고 있기 때문이다. 양도논법은 단순 논법과 달리 2개의 선택지를 제시하는데, 다음과 같은 방법으로 논리를 전개한다.

대전제: A이거나 B이다.

소전제: A이면 C이다. B이면 D이다

결론: 그러므로 C이거나 D이다.

딜레마의 고전으로 '프로타고라스와 에우아틀로스 사이에서 벌어진 소송'이 꼽힌다. 〈2016년 대학수학능력시험〉 국어 영역 27~30번 문항의 지문에 나왔었다. 시험문제는 이 고대 딜레마 상황에 관한 문제해결이 가능한지를 묻고, 그 해결 방법을 제시한다.

변론술을 가르치는 프로타고라스(P)에게 에우아틀로스(E)가 제안하였다. "제가 처음으로 승소하면 그때 수강료를 내겠습니다." P는 이를 받아들였다. 그런데 E는 모든 과정을 수강하고 나서도 소송을 할 기미를 보이지 않고, 그러자 P가 E를 상대로 소송하였다. P는 주장하였다. "내가 승소하면 판결에 따라 수강료를 받게 되고, 내가 지면 자네는 계약에 따라 수강료를 내야 하네" E도 맞섰다. "제가 승소하면 수강료를 내지 않게 되고, 제가 지더라도 계약에 따라 수강료를 내지 않아도 됩니다"

지금까지도 이 사례는 풀기 어려운 논리 난제로 거론된다. -후략 딜레마는 우리를 둘러싼 모든 것에서 나타날 수 있다. 심리, 윤리, 사회, 과학, 경제 등 선택의 상황이 있는 분야라면 딜레마는 존재한다. 사회가 복잡해질수록 딜레마의 양상도 복잡해진다. 그 상황에서 때때로 딜레마에 빠져 허우적거리기도 하고, 해결책을 찾아 딜레마에서 벗어나기도 한다. 가령, 소수의 희생과 다수의 희생을 두고, 또는 개인의 이익과 다수의 이익을 두고 고민해야 할 때가 있다. 혹은 그 모든 것을 충족할 수는 없지만 각각이 약간의 불이익을 감수해야 할 선택의 상황에 놓이기도 한다.

사회적 딜레마(Social Dilemma)
_사익이 먼저인가 공익이 먼저인가

'사회적 딜레마'는 사익과 공익이 맞서는 상태에서 무엇을 선택할 것인가의 문제이다. 어떤 조직에서 공동의 목표를 위해 모였을 때 구성원 대부분은 공동의 목표에 동의하고 따른다. 그렇지만 이에 반하는 구성원이 사익을 추구하는 선택을 우선시할 수도 있다. 이때 발생할 수 있는 상황이 사회적 딜레마이다. 이로써 구성원 개인의 선택이 조직 전체에 손해를 끼치게 된다. 대표적인 사회적 딜레마로는 '죄수의 딜레마', '공공재의 딜레마', '트리핀 딜레마' 가 있다.

도덕적 딜레마(Moral Dilemma)

_나의 선택은 도덕적인가

'도덕'은 사회 구성원이 마땅히 지켜야 할 행동의 기준이 되는 규칙과 규범으로, 오랫동안 관습적으로 인간 상호 관계에서 규정된 도리이다. '도덕적 딜레마'는 이런 규범을 지켜야 하는 상황에서 충돌하는 가치와 신념의 갈등 상황이다.

도덕은 민족과 종교, 문화에 따라, 혹은 사회적 관습과 전통에 따라 판단기준이 달라지는 모호함이 있어서 도덕적 딜레마도 정론화하기 어려운 한계가 있다. 예를 들어, 일부 문화권에서 행해지는 '명예살인'은 명예라는 덕을 지키기 위해 살인이라는 악덕을 정당화하는 잘못된 풍습이 존재할 수 있다.

로렌스 콜버그는 도덕성 발달 이론을 통해 도덕적 딜레마 상황에서 중요한 것은 도덕적 선택보다는 도덕적 판단의 근거라고 했다. 이것을 도덕적 추론이라고 하는데, 삼단논법인 '도덕 원리-사실 판단-도덕 판단'이라는 과정을 통해 올바른 판단을 내리는 것이다. 도덕적 딜레마의 대표적인 예로는 '트롤리 딜레마'와 '하인츠 딜레마'가 있다.

양단논법을 전개하여 풀기 어려운 논리 난제로 여겨졌던 프로타고라스와 에우아틀로스의 분쟁을 법률가들이 어떻게 해결할 수 있는지의 사례로 출제된 지문.

주제: 계약에서 덧붙이는 '기한'과 '조건'이 갖는 법률적 효력

이 글은 수강료 지불과 관련된 계약을 두고 벌인 프로타고라스(P)와 에우아틀로스(E)의 분쟁을 예로 들어 계약서에 부가되는 '부관', 즉 '기한'과 '조건'의 법률적 효력에 관해 설명하고 있다. 계약에서 일정한 효과의 발생이나 소멸에 제한을 덧붙이는 것을 '부관'이라 하는데, 부관에는 '기한'과 '조건'이 있다. '기한'은 효과의 발생이나 소멸이 장래에 확실히 발생할 사실에 의존하도록 하는 것으로, 일정한 기한이 충족되면 법률적 효력을 갖는다. '조건'은 장래에 일어날 수도 있는 사실에 의존하도록 하는 것으로, 특정 조건이 실현되었을 때 법률적 효력을 갖는다. 법률에서는 새로운 사정이 발생하지 않는 한 확정한 판결에 대해서는 더 이상 같은 사안으로 소송에서 다툴 수 없는데, 이를 '기판력'이라고 한다. 그런데 확정판결 후 새로운 사정이 발생한 것으로 인정되면 이전 판결의 기판력이 미치지 못한다. 예를 들어 임대인이 임차인에게 집을 비워 달라고 하는 소송에서 패소한 판결이 확정된 후 시일이 흘러 계약 기간이 종료되면, 임대인은 집을 비워 달라는 소송을 다시 할 수 있다. 계약상의 기한이 지남으로써 임차인의 권리에 변화가 생겼기 때문이다.

출처: 2016년 대입학력고사 국어 영역 해설지

01

고슴도치 딜레마
(Hedgehog's Dilemma)

: 자립과 일체의 두 평행선

대인관계에서 친밀감을 원하지만, 타인과 일정 정도 거리를 두고 싶어 하는 모순적인 심리나 대인관계에 두려움을 느끼는 심리상태.

"인간은 사회적인 동물이다"라는 정의가 있다. 인간은 생존을 위해 타인과 관계를 맺고 사회를 이루고 살아간다는 의미이다. 사회를 이룬다는 것은 대인관계가 발생한다는 것이다. 그러나 인간이 사회에서 겪는 대부분의 갈등은 대인관계에서 비롯된다. 그 갈등의 요소가 되는 것들은 헤아릴 수 없이 많으며, 그것들은 가시가 되어 서로에게 상처를 주기도 하고 받기도 한다.

독일 철학자 아루투어 쇼펜하우어는 《소품과 부록》이라는 저서에서 한 우화를 통해 대인관계에서 느끼게 되는 친밀도에 따라 심리적인 모순점이 있음을 얘기한다.

어느 추운 겨울날 홀로 생활하던 고슴도치들이 서로의 온기를 찾아 한곳에 모여든다. 온기를 나누기 위해 가까이 다가들자 서로의 가시가 서로를 찔러댄다. 그래도 간절히 온기가 필요했던 고슴도치들은 서로의 온기를 나누기 위한 시도를 거듭한다. 그러나 거리 없이 서로에게 다가가면 서로를 상처입힌다는 사실만 확인한다. 결국 서로가 적당한 거리를 유지해야만 상처받지 않는다는 것을 깨달은 고슴도치들은 최소한의 접촉으로 서로의 온기를 나눈다.

쇼펜하우어는 이 우화를 통해 인간은 필요에 따라 사회를 이루지만 서로가 가진 본성이 가시가 되어 서로를 상처 입힌다고 한다. 이 우화를 채용한 것이 고슴도치의 딜레마이다. 고슴도치의 딜레마는 대인관계에서 친밀감을 원하지만, 또한 타인과 일정 정도 거리를 두고 싶어 하는 모순적인 심리상태를 말한다. 그리고 타인과 친밀한 관계를 갖고 싶지만, 대인관계에 두려움을 느끼는 심리도 고슴도치 딜레마이다.

고슴도치 딜레마는 지그문트 프로이트가 《집단심리학과 에고의 분석》에서 언급하면서 더욱 널리 알려졌다. 이후 철학의 영역을 넘어 심리학에서 성격과 발달, 관계에서의 문제를 설명하는 데 자주 쓰이고 있다.

누구나 한 번쯤은 학교라는 사회에서 고슴도치 딜레마를 경험했을 것이다. 학교 사회는 또래 집단과의 친밀감이 매우 중요하다. 그러나 지나친 친밀감이 독점욕으로 변질해 다른 또래 집단과의 관계를 차단하거나 너무 거리를 둔 나머지 또래 집단에서 소외되기도 한다. 적당한 선을 긋고 관계를 유지하는 것은 쉽지 않으며, 이것은 미성숙한 연령의 또래 집단일수록 어렵다. 쇼펜하우어는 이 선을 지키는 것이 예의라고 했다. 친밀한 관계일수록 예의를 지키는 것이 관계를 지키는 것이다.

우리 사회는 최근 극단적인 거리두기를 경험했다. 코로나19의 세계적 유행으로 가장 친밀한 가족과도 장시간 거리를 두어야 했고, 고립이 안전한 상황이었다. 역설적이지만 이것으로 인해 나와 나를 둘러싼 사회를 재인식하는 계기가 되었다는 의견이 많다. 스스로의 선택으로 고립을 원하는 상황과 강제적으로 이루어진 고립의 상황은 엄연히 다르다. 그러나 두 상황 모두 인간이 타인과의 일체감과 친밀감을 원하는 존재라는 것에는 공통점이 있다.

서양철학에 쇼펜하우어의 고슴도치 딜레마가 있다면 동양철학에는 '불가근불가원(不可近不可遠)'이라는 고사성어가 있다. 이 고사성어의 뜻은 너무 가깝지도 너무 멀지도 않은 거리두기이다. 동서양을 막론하고 대인관계를 어떻게 유지할 것인가는 공통의 딜레마이다.

고슴도치 딜레마를 설명하는 듣기 지문으로, 선택지에서 이 딜레마에 맞는 사례를 찾는 문제의 지문으로 출제.

눈보라가 휘몰아치는 한겨울 밤. 나무도 꽁꽁, 고슴도치 오두막도 꽁꽁, 숲 속 마을이 하얗게 얼어붙었습니다. "으~ 춥다 추워, 왜 이렇게 추운 거야?" 고슴도치 형제가 차가운 바닥에 앉아 바들바들 떨고 있습니다. "멀리 떨어져 있으니까 더 추운 것 같아." "그래, 둘이서 꼭 붙어 있으면 따뜻해질 거야. 이리 와 봐." 고슴도치 형제는 엉금엉금 다가가 서로 꼭 껴안았습니다. "앗, 따가워" "저리 가, 가시에 찔렸잖아!" "저리 가! 다시는 가까이 오지 마!" "추워, 너무 추워!" 콧물은 줄줄, 이는 달달달, "이러다간 둘 다 얼어죽겠어!" 고슴도치 형제는 다시 살금살금 가까이 다가갔습니다. 조심조심, 찔리지 않게 사알 살~. "에에에~ 취!" "앗, 따가워! 재채기를 하면 어떡해? 또 찔렸잖아!" 둘은 다시 멀찍이 떨어졌습니다. "아, 알았다! 알았어!" 갑자기 형 고슴도치가 소리쳤습니다. "너무 가까우면 가시에 찔리고, 너무 멀면 추워지는 거야." 이처럼 너무 가까이하기도, 그렇다고 멀리하기도 어려운 상태를 '고슴도치 딜레마'라 하고, 이 딜레마를 극복하지 못하는 경우를 심리학에서는 '고슴도치 콤플렉스'라고 합니다.

출처: 2008년 대전교육청 3학년 10월 모의평가 국어 영역 지문

02

공공재의 딜레마
(Public Goods Dilemma)

: 혜택은 있지만 책임은 없다

> 공공재를 사용하는 집단 안에서 공공재가 경쟁적이지 않고 누구나
> 사용할 수 있다는 점 때문에 생겨나는 문제.

'공공재'란 모든 사람이 공동으로 이용할 수 있는 재화 또는 서비스로, 대가를 치르지 않더라도 그것을 모두가 누릴 수 있는 것들을 뜻한다. 공공재로는 자연환경, 지하자원과 같은 개방성을 가진 것들이 대표적이지만, 국민 세금으로 만들어진 공원, 공동 화장실 같은 공동시설, 국가시설도 이에 해당한다.

이때 공공재를 사용하는 집단 안에서 공공재가 경쟁적이지 않고 누구나 사용할 수 있다는 점 때문에 생기는 문제가 '공공재의 딜

레마'이다. 공공재의 딜레마는 자연 발생적으로 존재하는 공공재를 이기적으로 사용하거나, 몇몇 구성원이 제공하는 공공재를 어떤 대가도 지불하지 않고 사용했을 때 공동체 전체에 피해를 주는 상황이다.

미국 생물학자 개릿 하딘은 '공유지의 비극'을 통해 자연이나 환경과 같은 공공재를 개인이 무단으로 사용했을 때 초래될 수 있는 비극을 잘 보여주었다. 그가 예로 든 것은 목초지라는 공공재이다. 공유지인 목초지는 주인이 따로 없이 마을 사람들이 모두 사용할 수 있는 곳이다. 마을 사람들은 너나없이 자신들의 소를 이 목초지에 풀어놓고 사육했다. 곧 초지는 황폐해졌고, 더 이상 아무도 이 목초지를 사용할 수 없게 되었다.

공유 자원도 공유지의 비극과 일맥상통하는 바가 있다. 바다와 공기 같은 자원은 일국의 소유가 아닌 전 세계 모든 나라의 공공 자원이다. 그런데 최근 일본은 후쿠시마 원전의 방사능오염수를 바다로 흘려보내 많은 환경단체로부터 비난받고 있다. 방사능오염수를 방류함으로써 공유 자원인 바다가 오염되는 것은 자명한 일이고, 직접적으로는 우리나라에 피해를 주는 선택이다.

포경의 경우도 그러하다. 고래가 바다 생태계에 미치는 영향이 크다는 걸 인식한 국제사회가 포경 금지에 동의하고 대부분의 나라가 이를 준수하고 있다. 그러나 몇몇 나라는 이 조약의 가입을 거부하거나 여전히 암암리에 고래를 잡고 있다. 지구의 폐인 아마존 정

글을 한 국가의 이익을 위해 불태우고 벌목하는 것도 공유 자원의 비극, 공유지의 비극이라 할 수 있다.

공공재 딜레마의 문제 중 하나가 무임승차의 문제이다. 국가는 공동체를 위해 공공재를 제공하는 주체이다. 물론 이 공공재를 만들기 위해서는 국민의 세금이 사용된다. 가령, A마을에 다리가 필요하다. 다리는 B마을에 걸쳐져 건설해야 하는데, A마을은 반드시 B마을을 지나야 다른 지역으로 갈 수 있다. 그러나 B마을은 굳이 A마을을 통과할 이유가 없으므로 다리가 필요하지 않다. 결국 일부는 국가가 비용을 지불하고 일부는 A마을이 부담하기로 하고 다리가 세워졌다. 그런데 이 다리를 꼭 A마을만 이용하게 될까? B마을이 이 다리를 사용하지 않을 거라고는 확신할 수 없다. 이때 B마을이 어떤 대가도 지불하지 않고 공공재를 사용하는 것을 무임승차의 문제라고 한다.

공공재 딜레마의 문제는 결국 개인의 이익을 극대화하는 과정에서 공동체가 위협을 받는다는 점이다.

그러나 사람은 이기적이기만 한 존재가 아닌 이타적인 존재이기도 하다. 전문가들은 사익 추구가 공익에 어떤 위험을 초래하는지 대화하고 공동체의 공공재를 보존하기 위한 상호협력과 협조가 있으면 이 문제의 해결이 가능하다고 말한다. 실례로 코로나19가 창궐하던 시기에 한 학교가 마스크를 무인 상태로 보급했지만 한꺼번에 사라지는 일 없이 학생들 각자가 사용할 만큼만 소비했다고 한다.

비문학 지문 출제 예

하딘의 '공유지의 비극'을 인용한 제시문으로, 경쟁의 공정성과 경쟁 결과의 정당성을 논술하는 제시문으로 출제.

어떤 마을에 누구나 가축을 방목할 수 있도록 개방된 공동의 땅이 있었다. 이 마을 주민들은 각자 자신의 땅을 갖고 있지만, 이 공동의 땅에 자기 가축을 가능한 한 많이 풀어 놓으려 한다. 자신의 특별한 비용 부담 없이 넓은 목초지에서 신선한 풀을 마음껏 먹일 수 있기 때문이다. 각 농가에서는 공유지의 신선한 풀이 자신과 다른 농가의 모든 가축을 기르기에 충분한가 걱정하기보다는 공유지에 방목하는 자기의 가축 수를 늘리는 일에만 골몰하였다. 주민들의 이러한 행동으로 인하여 공유지는 가축들로 붐비게 되었고, 그 결과 이 마을의 공유지는 가축들이 먹을 만한 풀이 하나도 없는 황량한 땅으로 변하고 말았다.

출처: 서울대학교 2006학년도 정시 논술 기출 제시문2

03

몬티 홀 딜레마
(Monty Hall Dilemma)

: 직관과 확률

소비자가 합리적인 선택을 통해 소비할 거라는 전통 경제학의 논리를
깨뜨리고 비합리적인 선택을 할 수 있는 존재라는 것을 증명한 논쟁.

전통 경제학에서 소비자는 한정된 재화를 소비할 때 자신의 만
족도를 극대화하기 위해 합리적으로 선택하여 소비한다고 한다. 그
런데 이러한 인간이 비합리적인 선택을 하는 존재이기도 하다는 것
을 증명한 방송이 있다.

그것은 미국의 TV 퀴즈 프로그램 〈Let's Make a Deal〉이다. 사회
자 몬티 홀은 참가자에게 세 개의 문을 앞에 두고 그중 하나를 선
택하게 한다. 한 개의 문에는 자동차가 있고, 두 개의 문에는 염소

가 있는데, 참가자가 선택한 문 뒤의 것을 선물로 주겠다고 한다. 그리고 참가자가 문을 선택하면 몬티 홀은 남은 두 개의 문 중 염소가 있는 문을 하나 열어주며 선택을 바꿀 것인가를 묻는다. 우리가 참가자라면 어떤 선택을 할까? 결과적으로 참가자들 대부분은 처음의 선택을 고수했고, 그런 경우 참가자가 선택하지 않은 문 뒤에는 자동차가 있었다. 이후 이 사회자의 이름을 딴 '몬티 홀 딜레마'는 많은 논쟁을 불러일으켰다.

이 프로그램이 단순한 직관적 선택에 따른 퀴즈로만 생각되었다면 흥밋거리로 끝날 수도 있었다. 그러나 이것이 문제화된 것은 당시 세계에서 가장 IQ가 높았던 메릴린 사반트가 내놓은 답 때문이다. 그는 선택을 바꾸어야 한다고 했다. 참가자가 자동차를 선택할 첫 확률은 1/3이지만 참가자의 답이 염소일 경우 답을 알고 있는 사회자가 기회를 주었을 때 다른 문을 선택한다면 확률이 2/3로 높아지기 때문이다. 그러나 그의 답은 직관을 무시하고 수학적으로만 분석했다고 하여 많은 비난을 받았다. 역설적이게도 그의 답이 정답임을 증명한 것은 누구보다 그를 비난하던 수학자였다고 한다.

몬티 홀 딜레마에는 조건부 확률이 작용한다. 조건부 확률이란 어떤 사건이 일어났다는 조건 하에 해당 사건이 일어날 확률을 뜻한다. 이 게임에서 전제조건이 되는 것은 참가자가 선택한 문을 사회자가 고를 수 없다는 것과 사회자는 문 뒤에 무엇이 있는지 안다는 것이다. 사회자는 참가자가 어떤 문을 선택하든 자동차가 있는 문을 선택하지 않을 것이라는 조건에 따르면 확률적으로 2/3가 된다.

그런데도 선택을 바꾸지 않는 참가자가 있는 것은 사회자가 연문을 제외한 두 문만을 선택지로 하여 확률을 1/2로 보기 때문이다. 그러나 사반트는 1/3의 확률과 2/3의 확률의 선택으로 보았다. 확률은 총합이 1이 되어야 한다. 그런데 처음부터 1/3+1/3+1/3인 선택을 1/3+1/2+1/2의 선택으로 오인하면서 선택을 바꾸지 않은 것이다.

확률적으로 큰 차이를 보이지 않으면 대부분의 사람은 조건부 확률에 의한 선택을 따르기보다는 직관적인 선택을 한다. 이런 선택에는 이득이 되는 상황보다 손해가 되는 상황을 더 싫어하기 때문에 처음의 선택을 고수하는 경우가 많다는 심리적 요인이 작용한다. 내가 처음 선택한 문에 무엇이 있든 선택을 바꾼 문에서 염소가 나오는 상황이 더 받아들이기 어렵다는 것이다.

퀴즈쇼에서 비롯된 몬티 홀 딜레마는 이후 인간은 합리적인 존재라서 자신의 이익을 위해 행동한다는 전통 경제학의 논리를 비판하는 데 등장한다, 전통 경제학의 관점에서 보면 합리적인 인간은 이 퀴즈쇼에서 문을 바꾸는 선택을 해야 한다. 그런데 대부분이 직관적인 판단으로 선택을 바꾸지 않는 비합리적인 선택을 했다. 행동 경제학은 이런 전통 경제학의 맹점을 보완하기 위해 인간은 합리적이기만 한 존재가 아니며 손실회피성, 닻내림 효과 등과 같은 이유로 감정적인 선택을 한다고 주장한다.

스토리텔링의 긴 문제로, 수사반장의 합리적인 판단이 무엇일까를 묻는 문제로 출제.

어떤 범죄 사건에서 3명의 용의자가 포착되었다. 이들이 각각 진범일 확률은 1/3로 모두 같고, 이들 중에 진범이 있다는 것은 의심의 여지가 없다고 가정하자.

수사반장은 다음과 같은 수사 계획을 세웠다. "우선 3명 중에 한 명을 임의로 뽑아 집중 수사를 한다. 다른 두 명은 과학수사팀에 의뢰하여 결백한지, 즉 용의선상에서 제외할 수 있는지를 조사한다."

그런데 수사반장은 다음과 같은 고민이 생겼다. "계획대로 수사가 시작된 지 얼마 지나지 않았을 때 만약 과학수사팀에 의뢰한 두 명 중 한 명의 결백함이 밝혀진다면 처음 집중 수사 대상이었던 사람을 계속 수사할 것인지 아니면 과학수사팀에서 결백함이 밝혀지지 않은 다른 한 사람으로 수사 초점을 바꿀 것인지"가 문제가 된 것이다.

지금까지의 경험으로 볼 때, 과학 수사 결과 결백함이 밝혀진 자가 후일 범인임이 밝혀진 예는 전혀 없었으므로 과학 수사 결과 결백함이 밝혀지면 전혀 의심의 여지가 없는 것으로 가정하고, 또 처음 수사 대상자에 대한 수사 비용과 시간을 무시하기로 할 때, 즉 확률적으로만 판단할 때, 이 경우 수사반장의 합리적인 판단은 어느 것인가?

출처: 2006년 경찰대학 수리 영역 문제

04

죄수의 딜레마
(Prisoner's Dilemma)

: 비협조적 게임에서의 최선의 선택

구성원이 어떤 사안을 두고 협력적으로 선택했을 때 모두에게 이익이 되지만, 개인의 이익을 추구하는 식으로 선택했을 때 구성원 전체에 손해를 끼치는 선택.

'죄수의 딜레마'란 어떤 사안에 대해 구성원이 협력적으로 선택한다면 모두에게 이익이 되는 결과를 얻을 수 있으나, 개인의 이익만을 위해 선택한다면 모두에게 손해가 되는 선택이다.

죄수의 딜레마는 수학자 존 내시가 만든 게임이론에서 파생된 개념이다. 존 내시는 이 게임이론으로 1994년 노벨경제학상을 받기도 했다. 게임이론은 경제의 경쟁 주체들이 자신들의 이익을 효과적으로 달성하기 위해 어떠한 합리적인 선택을 할 것인가를 설명하는 이론이다. 존 내시는 내시균형(Nash equilibrium: 게임의 경기참여자 모두가 상대방의 전략에 대해 최선의 대응 전략을 구사하는 것으로, 경쟁자의 대응에 따라 최선으로 선택했을 때 서로가 선택을 바꾸지 않는 균형적인 상태를 뜻하며, 비협조적인 게임의 해결 방법으로 제시)으로 게임이론을 정론화하였다. 이후 미국 수학자 앨버트 터커가 게임이론을 설명하는 과정에서 공범 관계인 두 용의자의 유죄 입증을 위해 경찰이 제시한 협상을 이 이론에 적용했다.

공범 관계가 확실한 두 용의자. 이 두 용의자를 기소하려면 범행의 자백이 꼭 필요한 상황이다. 경찰은 두 용의자에게 똑같이 제안한다. 서로의 공범자에 대해 자백한다면 자백한 사람은 석방, 상대편 공범자는 3년형을 선고받는다. 또한 둘 모두가 자백한다면 모두 2년형을 선고받을 것이고, 둘 다 끝까지 자백하지 않는다면 모두 1년형을 선고받을 것이라 제안한다.

서로를 믿고 묵비권을 행사한다면 1년형, 자신의 이익을 우선하여 선택한다면 석방. 여기서 협력적인 선택은 손해를 감수하더라도 둘에게 이익이 되는 묵비권 행사일 것이다. 그러나 결과적으로 두 용의자는 자백을 선택한다. 자백하는 것이 상대의 배신으로 자신이 입을 손해가 적다는 판단 때문이다.

대부분의 사람은 공동과 개인의 이익을 두고 저울질 할 경우 자신이 유리하게 선택하려고 한다. 이처럼 협력적인 선택을 통해 얻을 수 있는 이익보다 사익적 선택을 함으로써 모두에게 불이익이 되는 결과를 낳는 것이 죄수의 딜레마이다.

냉전체제에서 미국과 소련은 경쟁적인 군비 확산으로 인해 대내적으로 많은 문제에 직면하고 있었다. 그래서 군비 확산 경쟁을 해결하고 핵전쟁의 위기를 해소하기 위한 논의에 들어간다. 이 경우 두 국가가 협력적으로 선택한다면 핵전쟁으로 인한 위기의식을 가라앉히고 국내 문제를 해결할 수 있다. 그러나 결과적으로 양국은 핵확산금지조약에는 합의했지만 군비 경쟁을 멈추지 않았다.

환경 문제는 협력적인 선택이 절실히 요구되는 문제이다. 이 문제를 해결하기 위해 리우에서 시작된 기후협약은 온실가스감축을 목표로 꾸준히 개최돼 왔다. 그러나 미국, 캐나다, 일본, 러시아가 자국의 이익을 내세워 탈퇴하거나 협의 내용을 축소함으로써 전 세계의 공익보다는 각국의 이익을 우선하는 선택을 했다.

자원개발 대 환경보호, 자국의 경제성장 대 세계적인 환경규제 조치 등과 같은 환경 문제는 늘 전형적인 죄수의 딜레마 상황에 놓여있다. 이 딜레마의 최선의 대응 전략은 최선의 선택이다. 온실가스감축에 대한 논의가 끊이지 않고 탈퇴국들이 속속 돌아오면서 온실가스감축을 위한 강제적인 조치들이 이루어지고 있는 것이 그것이다.

죄수의 딜레마는 출발점이 경제학 이론이지만 국내외 정치학과 생물학, 심리학, 환경 분야, 일상의 선택 등에 적용된다. 죄수의 딜레마를 해결할 방법은 의외로 단순할 수 있다. 이기적인 선택이 결과적으로 나와 나의 공동체 모두에게 악영향을 끼친다면 조금은 손해를 감수하는 선택이 최선일 수 있다.

비문학 지문 출제 예

죄수의 딜레마와 같은 현상을 극복하는 방안으로, 개인의 도덕심 강화와 사회적으로 원활한 의사소통을 이루어야 한다는 글쓴이의 주장을 담은 지문으로 출제.

<합리적 개인 대 비합리적 사회>

이 글은 개인의 합리성과 사회적 합리성을 모두 이루기 위해서는 개인적으로 도덕심이 강화되어야 하며, 사회적으로는 원활한 의사소통이 이루어져야 한다고 주장하고 있다. 즉 글쓴이는 사회적 합리성을 이루기 위해서는 우리 모두의 공동 노력이 필요함을 역설하고 있다. 죄수의 딜레마 이론을 지지하는 쪽에서는 개인이 자신의 이익만을 추구하면 사회적으로는 비합리성을 초래할 수 있음을 주장하고 있다. 그러나 일부 경제학자들은 개인이 자신의 이익을 추구하는 것이 협동과 같은 긍정적 현상으로 나타날 수 있다는 것을 들어 이를 반박하고 있다.

출처: 2006년 10월 고3 모의고사 해설지

05

슈뢰딩거의 고양이

(Schrödinger's cat)

: 양자역학의 반론 실험

양자역학의 불확정성 원리를 비판하려다 양자역학의 이중성을 증명한 슈뢰딩거의 역설적 사고 실험.

'양자역학'은 원자와 원자를 이루는 아원자(소립자, 원자핵, 양성자, 전자와 같이 원자보다 작은 입자)와 같은 미시 세계에서 일어나는 현상들을 연구하는 현대 물리학 이론이다. 양자전기역학을 완성한 리처드 파인만조차도 완전하게 이해하지 못했다고 말할 정도로 양자역학은 어렵다. 이러한 양자역학 해석의 표준적인 기준을 확립한 사람이 보어와 하이젠베르크이다. 이들 논의가 이루어졌던 곳이 코펜하겐대학이어서 이후 '코펜하겐 해석'이라고 불린다.

코펜하겐 해석은 1930년대 당시에는 알베르트 아인슈타인과 에르윈 슈뢰딩거 같은 물리학자의 비판을 받았다. 코펜하겐 해석이 문제가 되었던 것은 파동과 입자처럼 반대되는 개념을 쌍으로 사용하거나, 입자의 위치와 속력을 동시에 정확히 측정할 수 없다는 불확정성 원리 때문이다. 고전 물리학은 모든 입자의 위치와 속도를 안다면 미래를 예측할 수 있다는 결정론을 따르지만, 이들은 결정론이 모든 것에 적용될 수 없으며, 특히 미시 세계는 불확정적이라고 주장했다.

이러한 코펜하겐 해석의 불확정성에 대한 모순을 밝히기 위해 슈뢰딩거가 제시한 사고 실험이 '슈뢰딩거의 고양이'이다. 여기서 사고 실험이란 상상 속에서 이루어지는 실험으로 현실화할 수 없는 장치나 조건을 생각으로 하는 실험이다.

슈뢰딩거의 사고 실험의 내용은 이렇다. 안이 보이지 않는 밀폐된 상자에 고양이와 독가스, 방사능물질을 넣는다. 상자 안에 방사선이 방출되면 설치해놓은 방사능 검출기가 이를 감지하여 독가스가 든 병을 깨뜨리도록 했다. 이때 방사능 검출기가 방사선을 감지할 가능성은 50대 50으로 설정하였다. 방사선의 방출은 예측할 수 없고, 이 때문에 방사능 검출기가 작동할지, 작동하지 않을지 알 수 없다. 그렇다면 고양이가 살아있는지 죽어있는지도 알 수 없다.

슈뢰딩거는 미시 세계에서 일어날 수 있는 일은 거시 세계에서도 일어나야 한다고 주장하며 상반된 개념인 삶과 죽음이 확률론으로 중첩되는 것에 대해 비판했다.

코펜하겐 해석에 따르면 상자를 열기 전까지는 고양이의 삶과 죽음이 같이 있다고 보았다. 죽거나 살거나가 아닌 삶과 죽음이 동시에 중첩하여 존재하고, 상자를 열어봐야 둘 중 하나가 결정된다는 것이다. 거시 세계에서 일반적으로 일어날 수 있는 물리법칙이 미시 세계에서는 적용되지 않기 때문이다.

슈뢰딩거는 양자역학의 불확정성 원리를 비판할 의도로 '슈뢰딩거의 고양이'를 사고 실험 했지만, 역설적으로 양자역학의 이중성을 기가 막히게 비유한 사고 실험이 되었다. 또한 이 실험은 이후 코펜하겐 해석이 양자역학을 설명할 때 유용하게 사용되었다.

슈뢰딩거는 '파동함수'를 만들어 양자역학의 체계를 세운 물리학자이다. 그런데도 그는 미시 세계에 관한 연구가 성과를 보이고 주류가 되어가는 현대 물리학의 흐름 속에서 고전 물리학적 사고의 틀을 깨지 못했다는 비난을 받았다. 또한 '슈뢰딩거의 고양이'라는 사고 실험을 통해 양자역학의 모순점을 밝히려다가 양자역학의 딜레마를 설명하는 역할을 함으로써 스스로 딜레마에 빠진 셈이 되었다.

비문학 지문 출제 예

양자역학의 불확정성 원리는 언어 영역 문제뿐만 아니라 여러 자격 시험과 대학 전공 문제에서 많이 다루어지는 지문.

주제: 양자역학의 불확정성 원리

이 글은 양자역학의 불확정성 원리를 쉽게 풀어 설명하고 있다. 우리가 물체를 보는 일은 대상에 부딪혀 나오는 광양자를 지각하는 것인데, 이는 작은 교란이어서 책을 읽거나 야구공에 플래시를 터뜨리는 것과 같은 일에서는 큰 영향을 미치지 않는다. 그러나 소립자의 세계에서는 물리학자들이 사용하는 고도의 측정 기술로도 한계에 봉착할 수밖에 없었다. 이는 불확정성의 원리 때문이다. 전자와 같은 소립자를 보기 위해서는 전자에 빛을 쏘아 충돌시킨 후 튕겨 나오는 광양자를 관측해야 한다. 그런데 광양자의 충돌로도 전자는 교란이 일어나 정확한 운동량을 측정할 수 없다. 그래서 운동이 가장 작은 빛인 긴 파장의 빛을 전자에 충돌시켜야 하는데 그렇게 하면 전자의 위치 측정이 부정확해진다. 반대로 전자의 위치를 정확히 알기 위해 짧은 파장의 빛을 쏘면 광양자의 충돌로 인해 전자는 속도가 크게 변하게 되어 전자의 운동량을 정확히 파악할 수 없게 된다. 이처럼 소립자의 세계에서 운동량과 위치를 동시에 정확히 측정하는 일은 불가능하다는 것이 불확정성의 원리이다.

출처: 2012년도 대학수학능력시험 언어 영역 해설지

06

트롤리 딜레마
(Trolley Dilemma)

: 공리주의와 의무론적 윤리

다수를 위한 소수의 희생과 소수를 위한 다수의 희생 중 어떤 선택이 도덕적인가의 문제.

'트롤리(Trolley)'는 '광차'라고 해석되는 단어이다. 광차는 광산에서 쓰이는 열차로, '트롤리 딜레마'에서 광부들의 희생을 가정하여 만든 개념이다. 트롤리 딜레마는 다수를 위한 소수의 희생과 소수를 위한 다수의 희생 중 도덕적으로 어떤 선택이 바람직한가에 대한 문제이다. 도덕적이라는 것은 개인의 신념의 문제이기도 하지만 그 선택의 결과가 빚어내는 이해득실의 문제와 그 결과에 따른 비난을 감당할 수 있는가 하는 복잡한 양상을 갖는다. 다수를 선택하든 소수를 선택하든 도덕적인 평가를 피할 수는 없기 때문이다.

트롤리 딜레마를 처음으로 가정한 철학자는 영국의 철학자 필리파 풋이다. 그는 윤리학적 사고를 실험하기 위해 두 가지 상황을 가정하고 있다.

첫 번째 가정은 브레이크가 고장 난 트롤리가 달리고 있는데, 한쪽 철로에는 5명의 사람이 있고 다른 쪽 철로에는 1명이 있다. 이때 철로 전환기를 조작할 수 있는 당신은 어떻게 선택할 것인가?

두 번째 가정은 브레이크가 고장 난 트롤리가 달리는 선로에 5명이 있다. 이 5명을 구하는 방법은 무거운 무엇인가를 선로에 떨어뜨려 트롤리를 멈추게 하는 방법이다. 전환기를 조작할 수 있는 것은 나뿐인데, 마침 덩치가 큰 사람이 옆에 있다면 그 사람을 밀어 떨어뜨려 트롤리를 멈추게 할 것인가. 이 경우 덩치가 큰 사람은 죽겠지만 5명을 살릴 수 있다. 과연 5명을 살리기 위해 이 사람을 희생하는 것은 도덕적으로 허용될 수 있는 것인가라는 문제이다.

이 실험의 첫 번째 가정에서 90% 정도의 사람들이 1명이 있는 철로를 선택한다. 두 번째 가정에서는 10% 되는 사람들만이 덩치 큰 사람의 희생을 선택한다. 이 선택은 국가나 문화, 성별, 민족을 달리해도 비슷한 결과를 가져왔다고 한다. 첫 번째 가정의 경우 도덕적으로 허용되겠지만, 두 번째의 가정은 도덕적으로 허용되지 않는다고 보는 것이 공통적이라는 것이다.

심리학자 그린은 저서 《옳고 그름》에서 자기공명 영상을 통해 이에 대한 흥미로운 실험 결과를 내놓았다. 이 실험의 첫 번째의 가정에서 사람들은 이성적 판단 중추가 활성화되고, 두 번째 가정에서는 정서적 판단 중추가 활성화되었다. 다수와 소수의 선택에서는 이성적인 판단이 우선시 되지만, 다수를 위해 특정된 누군가의 희생이 있으면 정서적으로 허용되지 않는다는 것이다.

첫 번째의 경우가 '최대 다수의 최대 행복'이라는 벤담의 공리주의에 충실한 선택이라면, 두 번째 경우는 옳은 결과일지라도 그 일에 대한 과정이 옳지 않다면 정당화될 수 없다는 칸트의 의무론적 윤리와 관련성을 갖는다.

실례로 한국전쟁 당시 인천상륙작전을 성공시키기 위해 소규모의 인원으로 기만작전을 펼쳤던 장사상륙작전을 들 수 있다. 열악한 전투환경에서도 장사상륙작전에 투입된 군대의 희생으로 인천상륙작전이 성공을 거두었다. 하지만 무자비한 희생이 예고된 작전에 학도병인 중·고생 소년들이 투입된 사실은 전쟁범죄라 할 수 있다.

최근 들어 자율 주행차의 상용화를 두고 트롤리 딜레마를 언론에서 자주 언급하고 있다. 기계는 스스로 판단할 수 없다. 그래서 여러 선택적 상황에서 자율 주행차의 기계가 어떻게 선택할지는 인간이 입력하는 내용에 따를 수밖에 없다. 만약 한 회사가 운전자의 안전과 행인들의 안전이 위협받는 상황을 설정하고 운전자의 안전을 우선하여 행인들을 위험에 빠뜨릴 수도 있는 선택을 입력한다면 사회적으로 비난받을 것이다. 그러나 행인들의 안전을 우선하여 운전자를 위험에 처하게 한다면 누구도 그 차를 구입하지 않을 것이다. 이런 딜레마 때문에 자율 주행차의 실현 여부는 법적인 근거가 마련되어야 가능할 것으로 보고 있다.

비문학 지문 출제 예

트롤리 딜레마에서 다룬 도덕 판단의 원리를 실험자들의 fMRI 촬영 결과를 분석하여 이중 과정 이론으로 설명한 그린의 입장을 담은 지문으로 출제.

주제: 도덕 판단의 원리를 설명한 그린의 이중 과정 이론

(나) 이 글은 도덕적 의사 결정 과정에 대한 신경 윤리학의 입장 중 그린의 이중 과정 이론에 대해 설명하고 있다. 기존의 연구들이 이성 혹은 감정이 단독으로 작용하여 도덕 판단에 이르게 된다고 주장했던 것과는 달리 그린은 이성과 감정이 모두 도덕 판단 과정에서 복합적으로 작용한다고 설명하였다.

출처: 2023학년도 수능 특강 독서 영역 해설지

07

트리펀 딜레마
(Triffin's Dilemma)

: 세계 경제를 움직이는 달러화의 위험

> 기축통화국이 기축통화의 국제 유동성을 유지하기 위해 경상수지 적자를 지속할 수밖에 없는 경제적 모순.

'트리펀 딜레마'라는 말은 미국의 경제학자 로버트 트리펀이 미국 의회 연설에서 달러화를 기축통화로 통용하고 있는 국제 금융의 모순점을 지적하면서 명명된 개념이다. 기축통화란 국제적으로 통용되는 화폐를 의미하며, 세계 2차 대전 종전 이후 기축통화국인 미국의 달러화가 기축통화로 쓰이고 있다.

일반적인 국가들의 경우 경상수지가 적자인데도 화폐를 무한정 발행한다면 통화 가치의 하락으로 경제에 부정적인 영향을 끼친다.

그러나 미국은 경상수지 적자에도 불구하고 기축통화인 달러화의 지위를 유지하기 위해 국제 금융에 달러화를 지속적으로 공급해야 한다. 만일 미국이 달러화의 가치를 높이기 위한 경상수지 흑자 정책으로 달러화의 공급량을 줄인다면 국제 경제가 타격을 받는다. 그러면 국제 경제에 도움이 되지 않는 달러화는 기축통화로서의 가치를 상실한다. 요컨대 미국은 기축통화국이기 때문에 기축통화의 국제 유동성을 유지하려면 경상수지 적자를 지속할 수밖에 없다는 것이다. 이것이 기축통화국인 미국이 겪는 트리핀 딜레마이다.

미국이 기축통화국이 된 것은 1944년 출범한 브레튼우즈 체제 하에서였다. 미국은 당시 세계 금의 60% 이상을 보유하고 있었고, 세계대전의 승전국으로서 수혜를 입어 세계 제1의 경제 강국의 위상을 갖고 있었다. 금 보유량은 국제 금융에서 신뢰를 얻었고, 이로써 금환본위제(금본위제국의 통화를 일정한 시세로 매입함으로써 통화와 금의 관계를 유지하는 제도)가 채택된다. 달러와 금의 교환가치는 금 1온스가 35달러로 고정되는데, 이것을 고정환율제라고 한다.

그러나 1960년대에 미국이 경상수지 적자에도 달러화를 무분별하게 찍어내면서 통화 가치는 하락한다. 달러의 유통량이 늘어난 이유로 미국이 인도차이나반도 국가들을 상대로 벌인 전쟁과 당시 미국의 복지정책으로 인한 재정 확장을 들 수 있다. 그래서 금 1온스를 화폐로 교환하려면 35달러보다 많은 달러를 지불하게 되자, 달러보다는 금의 가치를 높게 여긴 국가들이 보유한 달러를 금으로 교환해 줄 것을 미국에 요구했다. 1971년 닉슨 대통령은 금태환제도 (달러와 금 사이의 태환 제도)를 폐지함으로써 이 국가들의 요구를 거부한다. 이것은 기축통화로서의 달러화의 신뢰도를 국제적으로 낮추는 역할을 했고, 결국 브레튼우즈 체제의 붕괴를 가져왔다.

미국의 경상수지 적자가 언제까지 지속될지에 대한 막연함. 경상수지가 흑자로 돌아섰을 때 기축통화로서의 역할을 해줄 통화의 불투명성. 이런 배경에서 트리핀은 뫼비우스의 띠처럼 원점으로 돌아올 수밖에 없는 기축통화국 미국의 상황을 다음과 같이 설명하고 있다.

"미국이 경상수지 적자를 감내하지 않고 달러화를 긴축한다면 세계 경제의 위축을 가져올 것이고, 달러화를 과잉 공급한다면 가치가 하락하여 준비자산으로서의 신뢰도를 떨어뜨릴 것이다. 결국 이것은 고정환율제도의 붕괴를 가져올 것이다."

트리핀의 말대로라면 미국은 둘 중 어떤 선택도 할 수 없는 진퇴양난에 빠져있다.

그러나 미국이 트리핀 딜레마에 빠져있는 상황에도 달러화는 여전히 국제 금융의 기축통화의 위상을 갖고 있다. 산유국들이 오일머니로 달러를 쓰고 있고, 세계적으로 경제 규모가 커지면서 달러화의 공급만큼 수요도 늘었기 때문이다. 또한 미국이 급박한 경상수지 적자의 문제를 해결하기보다 경상수지 적자 완화정책을 펴면서 달러화의 안정적인 유동성 확보에 나서고 있다.

트리핀은 미국이 트리핀 딜레마에서 벗어날 수 있는 방법으로 새로운 기축통화가 창출되어야 한다고 말한다. 기축통화의 역할을 할 통화로 대두되고 있는 것이 유럽연합의 유로화와 중국의 위안화, 일본의 엔화, 비트코인이다. 각각의 통화들은 유동 보유량이나 유동 안정성, 유동 개방성 등에서 장단점을 가지고 있어 달러화를 넘어설 수 있을지는 아직 미지수이다.

비문학 지문 출제 예

트리핀 교수의 브레튼우즈 체제에서의 기축통화인 달러화의 구조적 모순을 지적한 내용과 브레튼우즈 체제의 붕괴 과정을 설명하고 달러화가 여전히 기축통화의 역할을 유지할 수밖에 없는 이유를 설명한 지문으로 출제.

주제: 브레튼우즈 체제의 붕괴와 기축통화로서의 달러화

이 글에서는 브레튼우즈 체제에서의 기축통화인 달러화의 구조적 모순, 즉 국제 유동성 확보와 달러화의 신뢰도 간의 모순을 지적한 트리핀 딜레마를 소개하고 있다. 그리고 미국이 경상수지 적자를 허용하지 않아 달러화의 공급이 중단되면 세계 경제가 위축될 것이며, 반대로 미국의 경상수지 적자가 지속되면 달러화가 과잉 공급되어 달러화의 신뢰도가 저하되고 고정환율제도도 붕괴할 것이라고 한 트리핀 교수의 지적처럼 1970년대 초에 미국의 경상수지 적자 누적으로 브레튼우즈 체제가 붕괴하게 된 이유를 기축통화와 환율을 중심으로 설명하고 있다. 또한 브레튼우즈 체제 붕괴에도 불구하고 달러화의 기축통화 역할이 계속된 이유도 설명하고 있다.

출처: 2022년도 대학수학능력시험 독서 지문 해설지

08

하인츠 딜레마
(Heinz Dilemma)

: 도덕성 발달 이론의 가설

아픈 아내를 위해 약을 훔친 하인츠의 행동은 옳은가 그른가라는
선택적 상황을 설정하여 도덕성 발달 이론을 정립한 가설 이론.

'하인츠 딜레마'는 미국의 심리학자 로렌스 콜버그가 도덕성 발
달 이론을 정립하는 과정에서 만들어진 가설적인 딜레마이다. 그는
이 이론을 정립하기 위해 '도덕적 딜레마에 의한 수업모형'을 실험한
다. 이 수업방식은 도덕적 갈등의 상황을 들려주고, 그 상황에 대해
피실험자들이 옳고 그름을 판단하고, 그 판단에 대한 이유를 취합
하는 것이었다. 이것은 10~16세의 아동과 청소년을 대상으로 3~4
년을 주기로 첫 면담의 판단과 이유가 어떻게 변화했는지를 추적하

여 실험했다. 이때 피실험자들에게 들려준 도덕적 갈등의 상황이 하인츠 딜레마이다. 가설 딜레마는 이러하다.

하인츠의 아내는 희귀암 투병 중이다. 아내를 살릴 수 있는 유일한 희망은 한 약제사가 개발한 신약뿐이다. 신약의 제조 방법을 독점하고 있는 약제사는 생산원가가 200달러인 약을 10배나 부풀려 2,000달러에 팔고 있다. 그러나 하인츠가 구할 수 있는 돈은 1,000달러에 불과했다. 하인츠는 돈을 구하지 못한 상황에서 아내의 병세가 악화하자 약제사를 찾아가 부족한 돈은 반드시 갚겠다며 약을 달라고 사정해 본다. 그러나 약제사는 하인츠의 사정을 냉정하게 외면한다. 몇 날 며칠을 고민하던 하이츠는 결국 아내를 살리기 위해 약국에서 약을 훔치고 만다.

이 이야기를 들려준 후 피실험자들에게 과연 하인츠의 행동이 옳은지 그른지 묻는다. 여기에서 판단보다 중요한 것은 그렇게 판단한 근거이다. 도덕적 판단에 대한 근거를 묻는 것을 도덕적 추론이라고 하는데, 도덕적 판단에 대한 정당성을 논리적으로 규명하는 것이다. 콜버그는 이 근거들을 분석하여 각 시기의 도덕적 판단에서 무엇을 중요시하는가를 체계화하여 도덕성 발달 이론을 정립했다.

하지만 가설의 딜레마는 처음부터 선택의 상황이 협소하여 피실험자들의 사고의 폭을 좁힌다는 한계가 분명하다. 사람이 어떤 행동을 결정하는 동안에는 많은 선택적 상황들이 주어진다. 그런데 하인츠 딜레마는 아내를 위해 약을 훔칠 것인가, 훔치지 말아야 할

도덕성 발달 이론

전 인습적 도덕 시기

1단계) 처벌 회피와 복종 중시   **2단계)** 욕구 충족과 거래 중시

인습적 도덕 시기

3단계) 평판 중시   **4단계)** 법과 질서 중시

후 인습적 도덕 시기

5단계) 사회 계약 중시   **6단계)** 보편적 윤리 중시

것인가에 대한 선택적 판단만이 있다.

더욱이 이 실험은 남성이 4단계의 도덕성을 가지는 반면, 여성은 3단계에서 도덕성을 가진다는 차별적 연구 결과로 비난을 면치 못했다. 또한 도덕성은 절대적인 것이 아니며 문화권에 따라 다르게 드러날 수 있다는 점이나 지나치게 도덕성을 강조하고 감정적인 부분들을 간과한 한계가 있다. 그래서 엄격한 잣대만을 적용한 가설에서 두 가지 판단 외에 감정적이거나 이타적인 판단들을 제외하는 것에 동의하지 않는 학자들이 많다.

실제로 1930년대 미국의 대공황 시기에 뉴욕시의 피오렐로 라과디아라는 판사는 배가 고파서 빵을 훔친 노인에게 10달러의 벌금형을 선고한다. 그런데 당시 방청객으로 왔던 사람들에게 50센트의 벌금형을 내렸다. 이유는 배고픈 사람이 있는데 그것을 돌보지 않

은 뉴욕시민들에게도 책임이 있다는 것이다. 도덕성은 개인의 일탈 이전에 이타적으로 사고하지 못한 사회의 책임도 크다는 점을 알려 준 재판이다.

또한《레 미제라블》의 주인공 장 발장은 굶주린 조카들을 위해 빵을 훔친 것 때문에 오랫동안 복역하지만 미리엘 주교의 용서를 통해 높은 도덕성을 갖게 된다. 이처럼 사람은 도덕성 발달 이론의 단계를 뛰어넘을 수도 또는 역행할 수도 있는 존재이다.

비문학 지문 출제 예

콜버그의 도덕성 발달 이론을 설명한 글로, 17번 보기 지문에 하인츠 딜레마를 인용하여 도덕성 발달 단계를 묻는 지문으로 출제.

제목: 꼭 알아야 할 심리학의 모든 것

이 글은 인간의 도덕성 발달 단계에 대한 '콜버그'의 이론을 설명하고 있다. 콜버그는 하인츠 딜레마에 대한 사람들의 도덕적 판단 근거를 기준으로 도덕성 발달 단계를 '전 관습적 수준', '관습적 수준', '후 관습적 수준'으로 나눈 후 다시 이를 세분화하여 총 여섯 단계의 도덕성 발달 단계로 구성하였다.

콜버그 이론의 특징은 도덕성 발달이 단계에 따라 순차적으로 이루어진다는 점, 도덕성 발달은 자기 수준보다 높은 도덕적 난제를 스스로 해결하는 과정에서 이루어진다는 점을 들 수 있다.

출처: 2015년도 3월 고1 모의고사 해설지

PART 2

효과(Effect)
현상이 가져온 결과

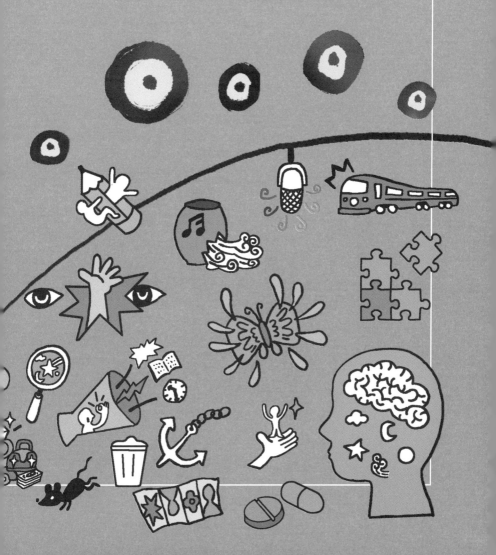

09

가스등 효과
(Gaslighting Effect)

대상의 심리를 조작하여 판단력을 잃게 한 후 통제하고 지배하려는 정서적 학대 행위.

'가스등 효과'는 '가스라이팅(gaslighting)'과 같은 의미로 쓰이는 용어이다. 대상의 심리를 조작하여 대상이 자기 자신을 의심하게 함으로써 판단력을 잃게 한 후 대상에 대한 통제와 지배력을 가지려는 정서적 학대 행위이다. 패트릭 해밀턴의 연극 〈가스라이트(gaslight)〉에서 이름을 따온 이 효과는 최근 정신분석학자이자 심리치료사인 로빈 스턴이 《The Gaslight effect》라는 제목의 책을 발표하면서 더 주목받고 있다.

이 효과는 명백한 정신적인 학대로, 가해자가 피해자에게 이 행위를 하는 것은 금전적 이득이나 복종적 상황을 만들려는 의도가 들어있다. 대표적인 가스라이팅 예로는 사이비 종교집단을 들 수 있는데, 가해자는 대부분 친밀하고 신뢰하는 누군가일 가능성이 크다.

원작에서도 남편이 아내의 재산을 차지하기 위해 아내가 자기 자신을 믿지 못하도록 상황들을 조작하는데, 결국 남편에게 의존하도록 하여 목적을 이루려고 했다.

가해자는 점진적인 방법으로 피해자의 자존감을 낮춰가며 지배력을 확대한다. 파트리시아 에반스는 가해자가 거부, 반박, 전환, 경시, 망각이라는 과정을 통해 통제권을 가져간다고 한다. 세상에서 유일하게 내 편일 것 같은 친구가 나와 타인과의 관계를 차단하게 하고, 위의 과정을 통해 나를 조정하려 한다면, 친구에게 나에 대한 지배권을 넘겨주게 된다.

인간관계는 어느 한쪽으로 기울어짐 없이 평형을 이루어야 하지만, 그 평형상태를 깨고 상대를 자기 영향력 안에 두려는 시도는 쉽게 일어난다. 계급이나 직급이 분명한 군대나 직장, 학교라는 사회의 교사와 친구, 가정이라는 사회의 부부, 부모와 자녀의 관계들은 쉽게 평형상태가 깨어질 수 있는 관계들이다. 그러다 보니 친밀하고 나를 신뢰하는 누군가를 가스라이팅하는 경우도 있다. 내가 누군가에게 에반스가 말한 다섯 가지 행동을 하고 있거나 당하고 있다면 나는 가스등 효과의 가해자일 수도 피해자일 수도 있다.

10 공개 선언 효과
(Public Commitment Effect)

달성하려는 목표가 있을 때 이를 공개적으로 선언하여 성취도를 높이는 심리 효과.

이번에는 다이어트에 꼭 성공하리라, 올해는 꼭 금연에 성공하리라, 이번 시험에서는 꼭 모든 교과의 등급을 올리리라. 이런 목표들이 과연 혼자만의 다짐으로 성공할 수 있을까. 물론 성공할 수도, 실패할 수도 있다. 다만 혼자서 목표를 세우고 실천하는 과정에서 포기 역시 혼자서 결정한다. 누구를 의식할 필요가 전혀 없어서 부담감을 크게 느끼지 않을 수 있다.

그런데 이 목표를 꼭 달성하고 싶은 의지가 크다면 주변에 널리 알리는 것도 성공 가능성을 높여주는 방법일 수 있다. 이를테면, '공개 선언 효과'를 기대해보면 좋다.

공개 선언 효과는 자신이 달성하려는 목표가 있을 때 혼자만의 다짐으로 실행하는 것보다 주위 사람들에게 목표를 공개적으로 선언하는 것이 성취도를 높여주는 효과가 있다는 걸 말한다.

이것은 심리학자 스티븐 헤이스의 실험 결과를 토대로 이름 붙여진 효과이다. 헤이스는 학생들을 세 집단으로 나누어 실험했다. 시험성적의 목표를 공개한 집단과 목표를 공개하지 않은 집단과 시험성적에 목표가 없는 집단.

실험 결과, 시험성적 목표를 공개한 집단의 학생들 성적이 다른 두 집단보다 월등히 높았다고 한다. 이 실험은 자신의 목표를 공개하는 것이 목표를 실행하는데 동기부여가 되고 목표 달성을 고수하는데 큰 효과가 있음을 보여준다.

그렇다면 공개 선언 효과를 높이는 방법은 무엇일까. 가능하면 많은 사람에게 자신의 목표를 널리 알리고, 반복적으로 선언하는 것이다. 또한 주위 사람들에게 목표를 달성할 수 있도록 도와달라고 요청하는 방법도 있다. 목표 달성에 실패했을 때의 벌칙을 같이 공개하는 것도 효과적이다.

그런데 우리는 여러 가지 이유로 공개 선언을 주저한다. 중도에 포기하는 것은 아닐지, 괜히 많은 사람 앞에서 큰소리쳤다가 실패했을 때 망신당하는 것은 아닐지, 별것 아닌 일에 유난 떤다고 생각하지는 않을지의 염려가 앞서서다. 그러나 반드시 이루고 싶은 목표가 있다면 공개 선언 효과가 의지를 높이고 유지하는 데 도움을 주는 건 분명하다는 사실을 알아두자.

11

기저 효과
(Base Effect)

경제지표를 평가하는 과정에서 기준 시점과 비교 시점의 상대적인 수치에 따라 그 결과에 큰 차이가 나타나는 경제 현상.

'기저 효과'란 경제지표를 평가하는 과정에서 기준 시점과 비교 시점의 상대적인 수치에 따라 그 결과에 큰 차이가 나타나는 현상을 뜻하는 경제용어이다. 경제지표를 해석할 때는 수치를 있는 그대로 해석하는 것이 아니라 전년도의 수치를 기준 시점으로 하고 이번 해를 비교 시점으로 하여 상대적으로 평가한다. 기저 효과에서 '기저'란 기초가 되는 밑바닥을 뜻하는데, 기준 시점의 밑바닥 상황이 비교 시점의 상황판단을 좌우한다.

전년도의 경제지표 수치가 높으면 이번 해의 수치가 조금만 떨어져도 많이 떨어지는 것처럼 느껴지고, 전년도의 경제지표 수치가 낮으면 이번 해의 수치가 조금만 높아져도 많이 높아진 것처럼 보이게 마련이다.

　　경제지표 중 하나인 물가 상승률을 예로 들어보자. 물가 상승률이 2019년은 0.42%, 2020년은 0.52%, 2021년은 2.5%인데, 2022년에 6.0%로 급격히 상승했다. 그런데 2023년에 물가 상승률이 4%로 떨어진다면 전년도인 2022년과 비교했을 때 많이 떨어진 것처럼 보인다. 그러나 2022년 이전의 물가 상승률을 봤을 때 2023년의 물가는 하락한 것이 아닌 여전히 높은 상승률에 놓여있다.

　　반대로 인구 증가율을 예로 들어보면, 2019년은 0.3%, 2020년은 0.1%이었는데 2021년에는 -0.2%이다. 2022년에 -0.1%로 상승했다면 상승의 폭이 2021년의 0%에도 미치지 못하지만 수치가 올라간 것처럼 보인다. 이처럼 실제의 경제지표보다 부풀려지거나 축소되어 보이는 것이 기저 효과이다.

　　실제로 한 나라의 경제 상황을 단 몇 가지의 지표만을 가지고 설명할 수 없다. 그래서 다양한 경제지표를 통계화하는데, GDP, 경기지표, 경제성장률, 고용지표, 국채, 금리, 대출, 무역지표, 물가, 소매업 지표, 신뢰 지수, 원자재 지표, 인플레이션, 인구 증가율 등의 지표들을 살핀다. 그러나 장기간 호전되지 않는 경제 상황에 놓인 경제행정 주체라면 특정 지표만을 강조하거나 기저 효과로만 불안한 현 경제 상황을 왜곡하여 호도할 수도 있다. 그러므로 경제가 호황일 때보다 불황일 때 어떤 시점을 기준으로 하여 현재의 경제지표를 설명하고 있는지 볼 필요가 있다.

12

나비 효과
(Butterfly Effect)

> 나비의 날갯짓처럼 사소해서 무시해도 될 만큼 미약한 행위가 차츰 큰 파장을 일으키면서 전혀 예측할 수 없었던 변화를 가져오는 현상.

'나비 효과'는 기상학에서 유래한 용어로, 카오스 이론(혼돈 이론)에서 초깃값의 아주 작은 차이로 인해 결과가 전혀 달라지는 현상을 말한다. 사회현상에서는 나비의 날갯짓처럼 사소해서 무시해도 될 만큼 미약한 행위가 차츰 큰 파장을 일으키면서 전혀 예측할 수 없었던 변화를 가져오고, 그것이 사회 전체에 큰 영향을 미칠 때 이 용어를 쓴다.

이 용어가 처음 등장한 것은 영국 SF 작가인 레이 브래드버리가 쓴 〈천둥소리〉라는 단편소설에서다. 이 작품은 중생대로 시간 여행을 떠난 한 관광객이 무심코 나비를 밟아 죽이고 현 시간대로 돌아와 보니 자신이 살던 때와 아예 달라진 세상을 만나게 된다는 내용이다. 이 용어를 미국 기상학자인 에드워드 로렌즈가 "예측 가능성-브라질에서의 한 나비의 날갯짓이 텍사스에 토네이도를 일으킬 수도 있는가"라는 주제를 강연 제목으로 쓰면서 알려지기 시작했다.

그는 대류의 모델을 연구하기 위해 컴퓨터에 방정식을 프로그래밍하여 바람의 경로를 그래프로 나타내도록 했다. 처음에 입력한 수는 0.506127이었는데 이것을 간단하게 줄여 0.506으로 입력했더니 시간이 경과할수록 그래프가 걷잡을 수 없이 혼란스러워졌다. 초깃값과 불과 0.001도 안 되는 차이였으나 처음과 전혀 다른 결과를 보였다. 이때 그래프에 그려진 대류의 궤도는 복잡한 궤도가 범위를 벗어나지 않으면서도 교차하지 않고 나비의 모습처럼 궤도를 그렸다.

이를 통해 로렌즈는 대기가 카오스의 성질을 갖고 있어서 장기적인 일기예보가 정확할 수 없다는 한계성을 밝혀냈다. 이것은 앙상블 예측 모델을 발전시키는 데 많은 영향을 주었다. 앙상블 예측 모델이란 단일 수치예보가 가지는 결정론적인 예측의 한계를 보완하여 초기조건, 물리 과정, 경계조건 등이 다른 여러 개의 모델을 이용하여 확률적으로 미래를 예측하는 시스템이다(출처: 날씨누리). 태풍 분석 위치가 지도에 표시되는 것이 대표적인 예이다.

브라질 나비 한 마리의 사소한 날갯짓이 미국 텍사스에 토네이도를 일으키듯이 역사와 사회에서도 작은 변화와 작은 사건이 엄청난 파급력을 갖기도 한다. 미국 지방 도시의 작은 은행의 파산이 전 세계를 대공황으로 몰고 가기도 했으며, 뉴턴의 눈앞에 떨어진 사과 한 알이 만유인력의 법칙을 밝히고 고전 물리학의 토대가 되었다. 그래서 나비 효과는 예견하지 않은 원인으로 인해 초래된 예측할 수 없는 결과를 두고 자주 인용된다.

13

낙수 효과(Trickle-down Effect)와
분수 효과(Trickle-up Effect)

대기업이나 고소득층의 소득이 증가해야 중소기업이나 저소득층이 경제적 혜택을 누릴 수 있다는 경제이론과 반대로 저소득층과 중산층의 소득이 증가해야 소비가 확대되고 이를 통해 생산과 투자가 확대될 수 있다는 경제이론.

'낙수 효과'는 대기업이나 고소득층의 소득이 증가해야 중소기업이나 저소득층이 경제적 혜택을 누릴 수 있다는 경제이론이다. 이와 반대로 저소득층과 중산층의 소득이 증가해야 소비가 확대되고, 이를 통해 생산과 투자가 확대될 수 있다는 경제이론이 '분수 효과'이다. 낙수 효과가 컵을 피라미드형으로 층층이 쌓아놓고 맨 위의 컵에 물을 부었을 때 밑으로 흘러내리는 것을 형상화했다면, 분수 효과는 밑에서 뿜어져 올라오는 물줄기가 공중으로 퍼지는 모습을 형상화했다.

낙수 효과는 미국의 40대 대통령인 로널드 레이건이 추진했던 레이거노믹스의 경기부양책의 하나로, 분배보다는 성장에 중점을 둔 이론이다. 이것을 계승한 것이 41대 대통령 조지 부시로, 13년 동안 미국의 경제정책을 이끈 것이 낙수 효과이다. 그러나 42대 클린턴 대통령은 이 이론이 근거가 없는 허구라며 낙수 효과를 폐지했다. 또한 국제통화기금(IMF)은 여러 나라의 분석 사례를 통해 고소득층의 소득 상승이 경제성장률을 하락시키고 저소득층의 소득 상승이 경제성장률을 증가시킨다는 사실을 확인하고 이 이론을 전면적으로 폐지했다.

분수 효과는 영국의 경제학자인 존 메이어드 케인즈의 이론으로, 고소득층의 세금을 늘리고 저소득층에 대한 복지정책을 확대함으로써 저소득층의 소비를 촉진해야 한다는 주장이다. 이 주장에 대한 근거로 한계소비성향이 고소득층보다 저소득층이 높다는 점을 들었다. 한계소비성향이란 소득증가분 중에서 소비로 지출되는 비율을 말한다. 한계소비성향이 높다는 것은 소득이 증가하면 소비도 증가한다는 것이다. 다시 말해 저소득층의 소득이 늘어야 소비와 생산이 활성화되고 경제순환도 원활해질 수 있다.

경제정책은 그 나라에 어떤 정부가 들어서느냐에 따라 많이 좌우된다. 미국의 경우만 하더라도 공화당이 집권했던 레이건과 부시

정부 내내 낙수 효과에 기댄 경제정책을 펼쳤고, 민주당의 클린턴이 집권하면서 이 정책을 폐지했다. 이렇게 경제정책이 정부에 따라 혼선을 빚는 경우와 달리 독일은 정부가 바뀌더라도 130년 동안 한결같이 공적연금제도를 개혁하고 추진하여 세계에서 가장 발달한 연금제도를 가지고 있다는 평가를 받고 있다. 이 공적연금제도는 소득의 재분배에 따른 노후 소득의 보장으로 소비가 둔화하는 시기의 노년층이 경제의 소비 주체로 생활할 수 있게 했다.

14 넛지 효과
(Nudge Effect)

강요가 아닌 자연스럽게 주위를 끌어 대중이 자발적으로 올바른
선택을 하도록 하는 심리적 설득 방법.

'넛지 효과'는 누군가에게 억지로 그 행동을 하도록 강요하는 것
이 아니라 자연스러운 상황을 연출하여 자발적으로 올바른 선택
을 할 수 있도록 하는 것을 의미한다. 영어 단어 'nudge'는 '팔꿈치
로 슬쩍 찌르다'라는 뜻이다. 목적을 이루기 위해 누군가의 주의를
끌거나 자극하지 않고 설득하는 방법이어서 '부드러운 권유'라고 할
수 있다.

이 용어는 오마바 정부의 정책 자문으로 있었던 법학자 캐스 선

스타인이 행동경제학자 리처드 탈러와 함께 쓴 《넛지(Nudge)》에서 처음 소개됐다. 넛지 효과는 출발은 행동경제학이었지만, 심리학은 물론 경제학, 정책학에 적용되었고, 광고, 마케팅, 디자인 등에서도 광범위하게 사용되고 있는 효과이다.

인간의 행동을 끌어내는 방법으로 보상과 벌칙이 있겠지만, 이것들은 사회 구성원의 자발적 참여에서 비롯된 것은 아니다. 또한 보상과 벌칙이 확실하지 않고 해결이 어려운 사회 문제에 동참하는 것이 구성원에게 부담스러운 경우가 있다. 이런 사회 문제에 쉽게 접근하고 자발적으로 참여하도록 유도하는 데 효과적인 방법이 넛지 효과이다.

예를 들어, '환경보호' 목적의 공익광고를 할 때 직접적인 표현을 쓰기보다는 좁은 빙하 위에서 오도가도 못 하는 북극곰의 현실을 보여주거나, 화장품을 광고하는 상업 광고의 경우 화장품의 효능을 언급하지 않고 동물실험을 하지 않은 제품임을 부각하는 예가 그러하다.

길을 가거나 TV를 보다 보면 많은 기부 광고를 보게 된다. 호객 행위 하듯 길에서 기부자를 모집하는 단체에게 부담감이나 불쾌감을 느끼기도 하고, 기부 광고 속의 비참한 모습이 보기 싫어 채널을 돌리기도 한다. 이러한 부정적 감정이 빈곤 포르노라는 용어를 만들어내기도 한다.

그런데 독일의 미제레오르(Misereor)라는 기부금 모금단체는 넛지 효과를 활용하여 함부르크 공항에서 한 달 만에 3,000유로를 기부받았고, 장기 기부자들을 23%나 늘리는 효과를 거뒀다. 이것은 상호참여형이라는 획기적인 방식의 광고를 활용했기 때문이다.

함부르크 공항에 설치한 광고 모니터에서는 "Free Them"이라는 광고 카피 아래로 밧줄에 묶여 있는 손이나 빵 등이 나온다. 그 화면 한가운데에 설치되어 있는 카드리더기를 이용하여 기부자가 카드로 2유로를 결제하면 밧줄이 끊어진다. 그리고 화면은 빵 일부가 잘려서 기부되는 장면으로 바뀐다. 결제된 영수증에는 자신이 기부한 2유로의 사용처와 사용 방법 등이 상세히 안내되어있다. 부담을 주지 않으면서 호기심을 자극하여 필요성을 느끼게 하는 이 기부 방식은 기부 광고의 모범 사례로 꼽히며 다른 광고에도 영향을 주었다.

이렇듯 내가 소비하는 것이 알게 모르게 공익적 목적과 맞아떨어지면서 자발적인 공익성 추구라는 만족감을 주는 것이 넛지 효과이다. 이 때문에 넛지 효과는 캠페인이나 공익광고, 정책홍보에 적극적으로 활용되며, 넛지 마케팅이나, 기업인의 경영기법에도 활용되고 있다.

15

단순 노출 효과
(Mere exposure Effect)

특별한 목적 없이 단순하게 노출되는 횟수가 많은 것만으로도 대상에 대한 호감도가 높아지는 심리적 효과.

사람들은 누군가와의 첫 만남에서 호감이나 친밀함보다는 경계심부터 먼저 갖는다. 학년 첫 학기의 교실 풍경을 떠올려 보면 쉽게 이해가 갈 것이다. 어색함과 경계심으로 선뜻 친구를 만들지 못하는 소극적인 자신을 발견했을 수도 있다. 적극적으로 타인에게 다가가는 성향이 아니라면 낯선 타인 중 첫 친구가 되는 사람은 자주 본 사람이 될 가능성이 크다. 같은 동네나 같은 학교 출신 등의 이러저러한 이유로 특별한 목적 없이 자주 보았던 사람일 수 있다.

'단순 노출 효과'는 사회 심리학자 로버트 자이언스가 정립한 이론으로, 특별한 목적 없이 단순하게 노출되는 횟수가 많은 것만으로도 대상에 대한 호감도가 높아지는 심리적 효과이다. 이것을 '친숙성의 원리'라고도 하는데, 자주 노출된 대상에게 친숙함을 느끼기 때문이다.

단순 노출 효과의 일화로 장거리 연애를 하는 두 남녀의 이야기가 있다. 서로에게 호감이 있지만 남자는 직장 때문에 어쩔 수 없이 여자와 멀리 떨어져 지낼 수밖에 없었다. 남자는 여자에게 정기적으로 편지를 보내 사랑의 마음을 전했다. 그러나 여자는 기다리던 남자가 아닌 남자의 편지를 전해주던 우체부와 결혼한다.

단순 노출 효과는 대인 관계에 대한 심리학에서 출발했지만, 마케팅에서 적극적으로 활용하는 효과이다. 광고는 많이 노출될수록 소비자에게 상품을 인지시키고 호감도를 높일 수 있기 때문에 마케팅에서 매우 중요한 수단으로 꼽힌다. TV 광고뿐만 아니라 버스와 같은 운송 수단에 부착된 단순한 이미지도 자주 보다 보면 광고문구를 외우게 되는 경우가 많다. 상품광고만이 아니라 기업의 이미지 광고도 잦은 노출로 기업의 가치와 긍정적 이미지를 부각한 후 기업의 전반적인 상품에 대한 호감도를 높이기도 한다.

16

레밍 효과

(Lemming Effect)

주체성 없이 어떤 집단이나 사회, 타인의 의견을 맹목적으로 좇아 자신의 운명을 결정하는 군중 심리.

'레밍'은 '나그네쥐'라고 불리는 핀란드와 스칸디나비아반도에서 주로 서식하는 쥐의 한 종류이다. '레밍 효과'는 여러 레밍 중 노르웨이에서 서식하는 레밍의 독특한 특성 때문에 붙인 용어이다. 노르웨이레밍은 3~4년을 주기로 집단 자살을 한다. 이때 레밍들은 이상 행동을 한다. 맨 앞에서 무리를 이끄는 우두머리를 따라 벼랑에서 뛰어내리는 거다. 이 때문에 주체성 없이 어떤 집단이나 사회, 타인의 의견을 맹목적으로 좇아 자신의 운명을 결정하는 군중 심리를 '레밍 효과'라 이름 붙였다.

'남들 하는 것 따라 하면 중간은 간다'라는 말이 있다. 이 말은 '가만히 있으면 중간은 간다'라는 말보다 더 큰 위험성을 가지고 있다. 둘 다 주체성이나 책임감과는 거리가 먼 속담이지만, 전자의 경우가 더 레밍 효과에 가깝다. 무작정 남을 따라갔다가 레밍들처럼 비극적인 결과를 맞는다. '영끌'이라는 말을 유행시켰던 젊은 세대의 빚을 진 무리한 주택 구입 현상, 비트코인 열풍, 사이비 종교의 집단 일탈 등이 레밍 효과의 적절한 예로 볼 수 있다.

독일 나치의 선전 장관이었던 요제프 괴벨스는 대중을 선동하는 가장 효과적인 방법으로 언론을 꼽았다. 언론을 장악하는 것이 곧 여론을 잡는 것이고, 나치의 이념에 충실한 군중을 만든다고 보았기 때문이다.

이때 언론을 대중에게 효율적으로 전하기 위해 보급했던 것이 '라디오'이다. 당시 라디오는 일반 서민들에게는 고가의 물건이었는데, 나치당은 파격적인 가격으로 라디오를 보급했다. 어느 가정이나 갖게 된 라디오를 통해 히틀러를 지지하는 여론이 유포되고 히틀러의 연설이 송출되면서 독일 국민은 나치당에 적극적인 지지와 동조를 보냈다. 레밍의 우두머리인 나치당은 라디오를 레밍의 도구로 사용한 셈이다.

현대에도 레밍 무리의 우두머리 역할을 하는 것은 미디어이다. 미디어의 발달은 다양한 정보를 손쉽게 접할 수 있다는 장점이 있지만, 그만큼 미디어 생산자가 의도된 목석에 따라 대중을 움직이고 주체성을 잃게 만들 수 있다는 문제점도 안고 있다. 그래서 대중은 미디어를 제대로 읽어내고 비판의식을 갖고 평가하려는 자세가 무엇보다 필요하다.

링겔만 효과
(Ringelmann Effect)

> 과제를 수행할 때 개인 과제라면 자기 역량을 발휘하지만, 공동 과제라면 집단의 규모가 커질수록 개인 역량을 발휘하지 않아 개인의 공헌도가 낮아지는 심리.

학생들은 일반적으로 모둠 단위의 수행평가를 좋아하지 않는다. 수행평가에 아무런 공헌을 하지 않고 결과만 챙기는 무임승차자가 있을 수 있다는 게 가장 큰 이유이다. 조별 과제 수행이나 집단 활동에서 항상 솔선수범하는 사람이 있는가 하면, 일을 슬쩍 다른 사람에게 미루는 사람도 있기 마련이다. 이런 상황을 사회적 태만이라고 한다. 이것을 흔히 개개인이 가진 성격과 인격의 문제로만 생각하기 쉽다. 다만 심리적으로 책임의 소재가 분명하지 않은 공동 과제는 책임감이 분산되기 때문에 구성원의 공헌도에 따라 결과가 달라진다.

독일 농공학자이자 심리학자인 맥시미안 링겔만은 줄다리기 실험을 통해 공동 과제가 주어진 집단에서 개개인의 역량이 100% 발휘되지 못하고 역량 이하의 공헌을 하게 되는 현상을 실험했다.

그는 실험에서 인원이 다른 두 명, 세 명, 여덟 명의 그룹으로 나눈 후, 각 개인의 공헌도 변화를 측정하였다. 개인의 역량을 100%로 보았을 때 단순 수치상으로는 한 사람이 20kg의 무게를 들 수 있다면 두 사람일 경우 200%의 역량이 발휘되어 40kg의 무게를 들어야 한다. 그러나 실제 실험에서는 각 개인의 역량은 93% 정도밖에 발휘되지 않았다고 한다. 더욱이 인원수가 늘어나면 늘어날수록 각 개인의 역량 발휘는 줄어들었다. 결과적으로 개인이 혼자서 과제를 수행할 때는 제 역량을 발휘하여 공헌도가 높지만, 집단의 규모가 커지면 커질수록 개인의 공헌도가 낮아진다는 것을 알 수 있다. 이를 실험자의 이름을 따 '링겔만 효과'라고 한다.

집단활동은 성과에 대한 목적성이 큰 사람과 그렇지 않은 사람이 섞여 있게 마련이어서 공동 과제 수행에서 일체성을 갖기가 어렵다. 동상이몽(同床異夢)이라는 말이 있듯이 같은 자리에 있지만 각자가 바라는 것들이 다르기 때문이다. 이로써 집단 구성원 간의 갈등 상황이 생기고, 공동 과제를 수행하는 것이 불필요하게 느껴질 수 있다.

링겔만 효과를 해결하기 위해서는 리더나 평가자의 역할이 매우 중요하다. 수행평가를 한다면 리더는 각자의 역할을 분명히 정해주고 무엇을 해야 할지를 구체적으로 요청해야 한다. 또한 공헌도에 따라 칭찬하거나 상을 주어 자신의 역량을 제대로 발휘했을 때의 만족감을 주는 방법도 있다. 그리고 구성원은 누구나 책임감을 분산하고 싶은 심리를 갖고 있다는 점을 인정하고 이타성을 갖도록 노력할 필요가 있다.

우리는 여기서 '시너지 효과(Synergy effect)'에 관해 생각해볼 필요가 있다. 링겔만 효과가 1+1의 상황을 1.5로 만든다면, 시너지 효과는 1+1의 상황을 3으로 만들기 때문이다. 시너지 효과는 이것은 집단의 구성원이 함께 일하는 것이 공동의 목표를 이룰 수 있는 최선의 방법이라는 인식에서 나온다. 깨어있는 한 사람의 힘이 적을지라도 그것들이 모이면 사회를 변화시킬 수 있다는 의미에서 '집단지성'은 시너지 효과의 좋은 예가 된다.

매몰 비용 효과
(Sunk cost Effect)

매몰 비용 때문에 추가 비용이 발생하더라도 현재의 상태를 유지하려는 심리.

'매몰 비용'은 이미 지급이 완료된 돈, 노동, 시간 등을 뜻한다. 그런데 사람들은 이 매몰 비용 때문에 추가 비용이 발생하더라도 현재의 상태를 유지하려는 심리가 작동한다. 이걸 '매몰 비용 효과'라고 한다. 경제학에서 회복 불가능한 비용은 무시하고 합리적으로 추가되는 비용만을 고려해야 한다는 점에서 매몰 비용 효과는 비합리적인 소비 심리를 상징한다.

가령, 즐기던 게임에서 아이템을 구매하기 위해 게임머니를 많이

들였다면 그 게임에 대한 흥미를 잃더라도 탈퇴하지 않거나 지속으로 비용을 들이기도 한다. 극단적으로는 도박에 빠진 사람이 이미 잃은 돈을 되찾기 위해 도박에서 손을 떼지 못하는 심리도 이에 해당한다. 국가나 기업도 처음 어떤 시설을 만들 때 거기에 들어간 투자 비용 때문에 불필요한 시설이지만 어쩔 수 없이 유지, 보수하기 위한 비용을 계속해서 지출하는 경우가 있는데, 이것이 경영을 악화시키는 원인이 되기도 한다.

이러한 심리는 사람들이 회복할 수 없는 비용의 손실에 민감하여 본전에 대한 미련을 버리지 못하는 데서 비롯된다. 이것은 모든 경우에 상황을 악화시키는 요인으로 작용한다. '밑 빠진 독에 물 붓기'라는 속담이 있다. 아무리 노력해도 구멍 난 독에는 물을 채울 수 없듯이 노력해도 회복할 수 없는 것은 '무시'가 답이라고 경제학은 말하고 있다.

맥거핀 효과
(MacGuffin Effect)

> 극 중의 중요한 장치처럼 상황이나, 사물, 인물을 배치하지만, 극 후반에는 그 존재감이 사라져 관객의 기억에서 잊히게 하는 영화 기법.

'맥거핀 효과'는 추리물이나 미스터리, 호러, 스릴러와 같은 장르 영화에서 자주 쓰이는 영화적 기법이다. 극 중의 중요한 장치처럼 상황이나, 사물, 인물을 배치하지만, 극 후반에는 그 존재감이 사라져 관객의 기억에서 잊히게 하는 것이 맥거핀 효과이다.

예를 들면, 그리스·로마 신화에 등장하는 '황금 사과'가 그러하다. 펠레우스 왕과 요정 테니스의 결혼 잔치에 초대받지 못한 불화의 여신 에리스가 올림푸스 신들에게 던져놓고 간 '황금사과'에는

"가장 아름다운 여신에게"라는 글귀가 쓰여있었다. 자신이 가장 아름답다고 생각하는 헤라, 아테나, 아프로디테는 각자 이유를 들며 황금사과에 대한 소유권을 주장한다.

오랫동안 결판이 나지 않자 세 여신은 트로이의 왕자이나 목동으로 살아가던 파리스에게 황금사과의 주인을 선택하게 한다. 헤라는 권력과 명예, 아테나는 지혜, 아프로디테는 가장 아름다운 여인을 아내로 주겠다며 자신을 선택하라고 한다. 파리스는 결국 아프로디테를 사과의 주인으로 선택한다. 아프로디테는 약속대로 세상에서 가장 아름다운 여인을 파리스에게 데려다주지만, 이게 하필이면 유부녀인 스파르타의 왕 메넬라오스의 부인 헬레네였다. 아내를 뺏겨 격분한 메넬라오스 왕은 자기 형인 미케네 왕 아가멤논과 함께 수많은 영웅과 엄청난 대군을 이끌고 트로이로 쳐들어간다. 이 전쟁이 바로 트로이 전쟁이다. 그리스 연합군과 트로이 간에 벌어진 이 전쟁은 인간들은 물론이고 신들까지 대혼란에 빠지게 했다. 이때 황금사과는 신과 인간을 불화로 이끄는 역할은 했지만, 이후 트로이 전쟁이라는 거대한 사건에 묻혀 행방이 묘연해졌고, 누구도 더 이상 황금사과에 대해 언급하지 않는다.

맥거핀 효과는 히치콕 감독이 고안한 극적 장치로 알려져 있다. 줄거리와 상관없지만, 의도적으로 관객들의 시선을 붙들어 두기 위한 장치로, 〈해외 특파원〉과 〈사이코〉라는 영화에서 사용되었다. 맥거핀 효과는 극 중에서 아무리 중요한 등장 요소가 되더라도 다시

쓰거나 언급하지 않는다는 짐에서 복선과 차이가 있다. 맥거핀 효과의 조건은 등장 요소가 극의 시작과 진행상에서 중요한 역할을 해야 하고, 다른 등장 요소로 인해 그 존재가 사라지거나 의미가 희석되어야 한다. 이 모든 것이 철저히 작가의 의도에 따라 이루어져야 한다.

흔히들 '제목에 낚인다'는 표현을 쓰는데, 이것도 일면 맥거핀의 효과를 노린 것이라 볼 수 있다. 포털사이트 뉴스 기사를 제목만 보고 클릭했더니 제목과 무관한 내용이거나, 정보 제공 기사인 줄 알았는데 광고인 경우가 그 예이다.

20 방관자 효과
(Bystander Effect)

> 주위에 많은 사람이 있어도 어려움에 처한 사람을 돕기 위해 나서는
> 사람이 없는 사회적 심리 현상.

사람들이 많이 오가는 대로에서 한 여성이 남성에게 구타당하고 있다. 누구 하나 나서서 도와줄 법도 한데 주저주저하기만 할 뿐 선뜻 나서는 사람이 없다. 여성은 "누가 좀 도와주세요"라고 간절히 도움을 청해보지만 끝내 아무의 도움도 받지 못한 채 경찰이 오기까지 남성의 구타를 견뎌야 했다.

이런 상황이 실제로 일어날까 싶겠지만 외신이나 국내 뉴스를 보면 심심치 않게 보도되는 사건이다. 이렇게 주위에 많은 사람이

있어도 어려움에 처한 사람을 돕기 위해 나서는 사람이 없는 현상을 '방관자 효과'라고 한다.

방관자 효과는 1964년 3월 13일 새벽 뉴욕시에서 실제 있었던 '키티 제노비스'의 사건에 대해 대중들이 보여준 대중심리에 의문점을 가진 미국 심리학자 존 달리와 빕 라타네가 실험한 결과를 토대로 이름이 붙여졌다. 키티 제노비스 사건은 강간 살해 사건으로 38가구가 이 사건을 목격하고도 신고하거나 도움을 주지 않았다고 보도되었다. 이 보도는 왜곡이냐 아니냐를 두고 논란이 되었지만, 두 심리학자의 실험에 모티브를 제공했다.

이들이 실험을 통해 얻은 방관자 효과의 근거는 '책임감 분산'과 '평가 우려', '다수의 무지'이다. '책임감 분산'은 위급한 상황에 혼자 놓였을 때는 그것을 해결하기 위해 적극적으로 나서지만, 다수와 함께 있을 때는 남에게 책임을 미루는 심리이다. 실제 실험에서 1대 1의 담화 상황에서 갑자기 상대가 쓰러지면 곧바로 구명에 나서는 경우가 80% 이상이었지만, 1대 4에서 1대 7의 담화 상황으로 갈수록 구명에 나서는 확률이 감소했다.

'평가 우려'는 자신이 나섰을 때 위급한 상황이 아니면 수치심을 감수해야 한다는 두려움에서 온다. 이와 더불어 '다수의 무지'는 '평가 우려'에 빠진 사람이 상황을 판단하지 못해 타인의 반응을 관찰하지만, 그 사람 또한 상황을 판단할 수 없어 다른 사람을 관찰하는 상황이라 아무도 나서지 않게 되는 상황이다. 결국 모두가 상황을 제대로 판단하지 못해 위급한 상황을 대수롭지 않게 여겨버린다. 이런 심리들이 모여 눈앞에서 벌어지는 불의와 위급함을 외면하는 것이 방관자 효과이다.

학교폭력은 가해자뿐만 아니라 그것을 방관하는 학생들이 있어 좀처럼 해결이 쉽지 않은 문제이다. 학교폭력을 방관한 경험이 있는 학생을 대상으로 한 〈사회과학연구〉 조사에 따르면, 방관의 이유로 자신이 피해당하지 않을까 하는 두려움, 학교폭력에 대한 교사 등 어른들의 대처방식에 대한 불신감, 남의 일에 대한 무관심, 피해자가 문제 있는 사람이기 때문에 도움을 줄 필요가 없다는 4가지 유형을 뽑았다. 학교는 사회의 축소판이란 말이 있듯이 방관자 효과는 여기에도 적용된다.

EBS에서 방영한 학교폭력 예방프로그램 중 한 학교가 실험 중인 '또래 간의 갈등 해소를 위한 또래 상담가의 활동'은 이에 대한 해결책을 보여준다. 반에서 경청 능력과 공감 능력이 높은 친구를 멘토로 지정하고 왕따나 학원 폭력에 처해 있는 학생을 멘티로 연결하는 방식이다. 멘토인 학생은 상담가로서 멘티인 학생의 학교생활 적응을 위한 조언을 하고, 멘티인 학생은 멘토에게 자신이 처한 상황을 상담함으로써 학원 폭력으로부터 보호받고 학교생활에 적응하는 데 긍정적인 영향을 주었다.

방관자 효과의 해결 방안 중 하나가 구체적인 대상에게 도움을 요청하는 것이다. 위급한 상황에서 "누가 좀 도와주세요" 같은 불특정 다수에게 향한 요청보다 "거기 파란 셔츠를 입은 남자분, 저 좀 도와주세요"처럼 구체적으로 지적하여 요청하는 것이 효과적이다. 이처럼 학교 폭력도 반 전체 아이들에게 도움을 요청하는 것보다 교사들의 관심과 지도를 전제로 특정 학생을 지정하여 피해 학생을 돕는 것이 효과적일 수 있다는 것이다.

방관자 효과의 모티브가 된 사건이 대도시 뉴욕에서 발생했고 다수가 밀집한 도시에서 발생한 예가 많아서인지 도시인의 비정함을 논할 때 방관자 효과는 자주 언급된다. 이것을 단순히 타인으로 인해 손해를 입고 싶지 않은 도시인의 이기심에서 원인을 찾는데, 그보다는 사람이라면 누구나 공통으로 갖게 되는 심리적 한계를 밝히고 적절한 대응 방법을 찾는 것이 비극적인 사건의 해결책이다.

21

베블런 효과(Veblen Effect)와
스놉 효과(Snob Effect)

베블런 효과는 사치성 소비재의 가격이 오르면 오를수록 그것에 대한 소비가 증가한다는 경제 용어. 스놉 효과는 다수가 구매하는 상품은 소비자가 구입을 줄이거나 중단하여 사치성 소비재의 소비가 감소한다는 경제 용어.

신고전학파 경제학은 소비자는 합리적인 판단을 통해 소비한다고 주장한다. 이러한 주장에 예외가 있음을 주장한 학자가 미국의 경제학자이자 사회학자인 소튼 베블런이다. 그는 《유한계급론》이란 저서에서 사회적 지위가 높은 사람일수록 자신들의 지위와 부를 과시하고 서민들과 구별되기 위해 비싼 상품을 선호하고 소비한다고 주장했다. 이로써 사치성 소비재의 가격이 오르면 오를수록 그것에 대한 소비가 증기하는 것을 '베블런 효과'라고 한다.

이와 다르게 '스놉 효과'는 자신이 구입하던 상품들을 다수가 구매하면 그 상품들의 구입을 줄이거나 중단하여 사치성 소비재의 소비가 감소하는 현상이다. 베블런 효과가 과시욕을 위한 개인적 이유의 소비라면, 스놉 효과는 타인의 소비가 자신의 소비에 영향을 미친다는 점에서 다르다. 다시 말해, 상류층이 고가의 명품과 자동차, 보석과 같은 상품을 구입하여 자신이 다른 소비자들과 차별성이 있음을 과시하는 것이 베블런 효과라면, 그 상품이 누구나 구매할 수 있는 상품이 되면 구매 욕구가 사라지는 것이 스놉 효과이다. 그러나 두 효과는 소비의 목적이 다른 계층과의 차별화를 위한 과시적 소비라는 면에서 공통점이 있다.

이러한 소비는 일반적이지 않은 특정 집단의 소비처럼 여겨지지만, 상류층 외의 서민에게 영향을 주기도 한다. 프랑스 철학자 장 보드리야르는 상류층이 소비하는 사치성 소비재를 구매함으로써 자신도 그 집단에 속하거나 같은 부류라는 환상을 갖는 서민의 소비를 '파노플리 효과(Panoplie Effect)'라고 명명했다. 여기서 파노폴리는 '집단'이라는 뜻으로, 상류층 집단의 소비 형태를 따르면 자신도 그 집단에 속해있다는 만족감을 얻는다는 것이다.

이것과 함께 '밴드왜건 효과(Band wagon Effect)'처럼 특정 개인의 특정 상품에 대한 수요가 다수의 수요에 영향을 주는 경우도 있다. 어떤 연예인이 사용한 상품이 완판된다든가 하는 경우가 이에 해당한다. 베블런 효과와 스놉 효과가 상류층이 다른 계층과 차별성을 갖기 위한 과시적 소비 형태라면 파노플리 효과와 밴드왜건 효과는 상류층이나 유명인에게 편승하려는 비합리적인 소비 형태이다.

한때 '일진룩'이니 '등골브레이커'라는 신종어를 만들며 청소년 집단에서 유행했던 고가의 점퍼, '한정판매'에 목을 매는 젊은 소비층, 백화점 명품관의 매진 사례, 고가의 외제차에 열광하는 현상들은 연령대에 상관없이 상류층의 소비를 모방하고 싶다는 욕구를 보여준다. 그러나 보드리야르는 파노플리 효과를 통해 사치성 소비재나 고가의 상품을 소비하는 것이 실제로 상류층 집단에 속하는 것이 아닌 환상이며 비합리적이고 몰개성적인 소비라고 말하고 있다.

22

상위 효과
(Discrepancy Effect)

메시지의 전달 내용에 대해 화자와 청자의 생각의 정도에 따라 화자의 의도대로 청자가 수용하기도 하고 화자의 의도와 다른 불일치 상황을 만들기도 하는 심리.

몇 년간 부동의 1위 자리를 차지하고 있는, 자녀가 부모나 교사에게 듣고 싶은 말은 "잘했어!"이다. 이 말이 듣고 싶다는 것은 그만큼 어른들이 이 말에 인색하다는 뜻일 것이다. 가장 듣기 싫은 말은 "공부해", "누구는 잘하는데 왜 너는 그렇게 못해"이다.

자녀의 비교 대상은 늘 '엄마 친구의 아이(엄친아)'라는 말이 있다. 다재다능하고 성격조차 좋은 엄친아와 비교되는 순간 자녀의 반발심을 사기 좋다. 자녀가 비교 대상처럼 되기를 바라는 부모의 요구는 있는 그대로의 자신을 인정해주길 바라는 자녀의 생각과 입장 차이가 너무 크다. 이런 경우 자녀는 부모가 자신에게 무리한 요구를 하고 있다고 생각하여 수용 자체를 거부하거나 부모와의 소통을 단절하기도 한다.

상위 효과의 'Discrepancy'라는 단어는 '상위'라는 뜻 외에 '불일치'라는 뜻도 가지고 있다. 메시지의 전달 내용에 대해 듣는 사람과 말하는 사람의 생각 정도에 따라 듣는 사람이 효과적으로 받아들여지기도 하고 말하는 사람의 의도와 다른 불일치 상황이 생기기도 한다. 이때 전달되는 메시지의 내용에 대해 말하는 사람과 듣는 사람의 생각 차이가 클수록 듣는 사람은 그 메시지를 받아들여야 한다는 압력을 받아 듣는 사람은 말하는 사람의 의도대로 메시지를 받아들인다. 그러나 전달하려는 메시지에 대한 말하는 사람과 듣는 사람의 입장 차가 지나치게 크면 도리어 듣는 사람은 아예 메시지의 수용을 포기하고 도리어 태도가 더 나빠지기도 한다.

군대와 같이 상하관계가 분명한 집단에서는 상위자가 하위자에게 일방적으로 지시를 내리는 것이 효과적이다. 하지만 설득이 필요한 상황에서는 말하는 내용이나 전달 방식에 따라 상대방이 수용하기도 하고 거부하기도 한다. 이때 현실적이지 않은 목표를 설정하여 전달한다거나 지나치게 파격적인 내용은 듣는 사람에게 거부감을 준다. 듣는 사람이 원하는 것이 무엇인지 파악하지 않고 말하는 사람이 일방적으로 높은 목표를 설정하고 그것의 실현에 대한 보상을 내걸었을 때 실현 가능성은 높지 않다. 상위자가 자신의 의도대로 하위자가 행동하기를 바란다면 지침 없는 일방적인 전달이 아닌 목표를 달성할 수 있는 정보를 제공하는 편이 상대의 태도 변화를 이끄는 데 효과적이다.

23

세이 법칙
(Say's Law)

공급의 총량이 수요의 총량을 결정하기 때문에 과잉생산은 존재하지 않는다는 고전 경제학의 경제사상.

'세이 법칙'은 프랑스 경제학자 J. B. 세이가 공급과 수요 중 공급의 중요성을 강조한 이론으로, '공급은 스스로 수요를 창출한다'는 표현으로 유명한 고전 경제학 이론이다. 고전 경제학의 핵심 사상인 이 이론은 공급의 총량이 수요의 총량을 결정하기 때문에 과잉생산은 존재하지 않는다고 주장한다. 이것은 공급이 이루어지면 공급한 만큼 수요가 발생하여 확실한 구매력이 뒷받침된 유효수요가 부족해질 일은 없으며, 이로 인한 과잉생산도 없는 경제적 균형상태가 유지된다고 보는 입장이다. 그리고 공급과 수요의 일치를 이루기 위해서는 정부가 기업에 대한 규제를 줄이고, 정부 지출과 조세 부담을 낮추어야 한다고 보았다.

그러나 이러한 주장은 1930년대 대공황을 겪으면서 유효하지 않은 이론으로 비판받았다. 대공황을 초래한 것은 과잉 공급으로 인한 수요 부족이었기 때문이다. 기업들이 공장을 멈추지 않기 위해 끊임없이 물건들을 만들어내면서 과잉 생산된 물건들은 시중에 남아돌게 되고, 재화가 회수되지 않자 기업들이 줄줄이 도산하면서 대량 실업이 발생했다. 이 때문에 노동자이자 소비자인 수요자들은 실직으로 인해 구매력을 상실한다.

그러나 존 메이너드 케인즈는 대공황과 같은 경제위기의 원인을 수요에서 찾았고, '유효수요론'을 통해 총수요가 총공급을 결정한다고 주장했다. 수요의 부족은 기업이 생산량을 줄이게 만들고, 노동자의 임금 하락이나 실업으로 이어진다. 이로써 수요자의 구매력이 상실되면 경제 전반에 수요 부족 현상을 파급시켜 경제위기를 맞게 된다는 것이다. 세이 효과는 국가가 기업의 조세감면을 통해 공급을 활성화할 것을 주장하는 면에서 낙수 효과와 일맥상통하고, 국가가 실업급여나 연금제도를 통해 공적자금을 저소득층에 투여하여 소비를 활성화해야 한다는 분수 효과는 케인즈의 수요의 중요성을 반영한 것이다.

24

소외 효과
(Alienation Effect)

관객이 극의 이야기와 거리를 두게 함으로써 이야기를 비판적으로 받아들이도록 하는 극작 기법.

아리스토텔레스는 《시학》에서 관객들은 비극을 통해 감정의 정화인 카타르시스를 얻는다고 했다. 이러한 이론은 오랫동안 서양 극 예술의 주류를 이루었으며, 극의 이야기가 관객에게 얼마나 감정이입이 되느냐가 중요하게 여겨졌다. 극에 대한 감정이입은 관객이 극의 환영이 보여주는 것에만 몰입하도록 하고 환영의 실제에 관해서는 판단하지 못하도록 했다.

그러나 이러한 이론에 반발하여 관객이 극의 이야기와 거리를 두게 함으로써 이야기를 비판적으로 받아들이도록 한 것이 '소외 효과'로, 독일 극작가인 베르톨트 브레히트가 고안한 극작 기법이다. 누벨바그가 소외 효과를 영화에 도입하면서 '거리두기'라고도 일컫는다. 소외 효과는 1960년 프랑스를 중심으로 영화에도 도입되면서 할리우드식 영화에 대항하는 아방가르드, 전위 영화에 많은 영향을 주었다. 대표적인 감독인 장 뤽 고다르는 이전에 익숙했던 영화적 관습을 파괴하며 파격적이고 실험적인 〈네 멋대로 해라〉, 〈중국 여인〉 등의 작품들을 다수 제작했다.

극 중에서 보여지는 소외 효과의 사례로는 배우가 관객에게 말을 걸기도 하고, 주요 등장인물이 관객석에서 등장하거나, 남성이 어머니 역할을 하고 여성이 아버지의 역할을 하는 것, 배우가 개성을 드러내어 감정에 호소하지 않고 전형적인 연기를 보여주는 것 등이 있다. 또한 이전에 극 무대에서 볼 수 없었던 생소한 무대장치나 소품을 이용하기도 한다.

25 앵커링 효과
(Anchoring Effect)

> 처음 접한 정보의 범위를 벗어나지 못하여 그것이 다른 정보에 대한
> 판단 기준이 되는 심리 상태.

'닻 내림 효과'라고 해석되는 '앵커링 효과'는 배가 닻을 내리면 닻과 연결된 밧줄의 범위 밖으로 배가 움직일 수 없듯이 사람의 생각도 처음 접한 정보의 범위를 벗어나지 못한다는 심리적 상태를 뜻한다. 이것을 실험을 통해 입증한 사람이 행동 경제학의 창시자 다니엘 카네만과 심리학자 아모스 트버스키이다.

이들은 실험에서 1부터 100까지의 숫자가 적힌 돌림판을 돌리게 한 후 실험자에게 돌발적으로 '유엔에 가입한 국가 중 아프리카

국가의 비율'이 자신이 돌려서 나왔던 숫자보다 높은지 낮은지를 추측하여 답하게 했다. 실험자들은 실제 정답 비율을 추측하기보다는 돌림판을 돌려서 나왔던 숫자에 가까운 비율로 답했다. 이 실험을 통해 실험자들이 자신에게 걸렸던 돌림판의 숫자가 기준으로 고정되어 그 숫자의 범위에서 벗어나지 않는 답을 한다는 것을 입증했다.

별다른 정보가 주어지지 않는 한 첫 정보가 판단의 기준으로 고정되는 이 앵커링 효과는 마케팅에 적극적으로 활용되고 있다. 홈쇼핑의 경우 동일 상품이 시중에서 어떤 가격으로 판매되고 있는지 먼저 알려주고, 이 홈쇼핑에서 판매하는 할인된 가격을 강조한다. 쇼호스트들이 단골처럼 하는 말이 "이 가격대에서 만나볼 수 없는 상품"이다. 이때 소비자들은 처음 제시했던 가격을 기준으로 이 홈쇼핑의 가격이 적정한가를 판단하게 된다. 이때 한정된 시간으로 소비자가 오래 생각할 여유를 주지 않고, 단품과 세트의 구입가가 달라진다는 점 또한 판단할 겨를을 주지 않는다. 가령, 단품가가 1만 원인 상품을 3세트로 구성하여 2만 8천 원에 판매한다고 했을 때 소비자는 단품가 1만 원에 사고가 고정되어 3세트 구성 상품을 저렴하다고 인식한다. 그러나 구입한 상품이 이 홈쇼핑에서만 할인된 가격으로 판매되는 것이 아니라 다른 곳에서도 그 가격대에 판매되고 있는 경우가 많다.

앵커링 효과에서 중요한 것은 무엇이 판단 기준의 앵커가 되는 건가이다. A사의 스마트폰을 처음 보고 카메라 기능에 매혹되었다면, 그것이 앵커가 되어 비교 대상이 되는 B사의 스마트폰의 성능이 좋고 가격이 저렴해도 A사의 스마트폰을 구입하게 된다. 또한 국회의원 선거를 앞두고 후보들을 비교할 때 후보의 자질 중 도덕성이 앵커가 되면 아무리 능력이 뛰어난 후보가 있더라도 능력보다는 도덕성이 높은 후보를 선택하게 된다.

문제는 무분별하게 외부에서 주어지는 첫 정보를 앵커로 삼고 무비판적으로 받아들이는 과정에서 생긴다. 앵커는 합리적이냐 비합리적이냐, 현실적이냐 비현실적이냐를 따지지 않는다. 첫 정보가 합리적이고 현실적이라면 다른 것을 판단하는 것에 긍정적인 앵커로 작용할 수 있지만 반대의 경우도 많다.

또한 언론에서는 '앵커를 박다'라는 말이 있을 정도로 첫 정보를 누가 점하느냐가 중요하다. 그러다 보니 언론에서 독점이나 특종이라는 이름으로 확정되지 않은 사실의 일부분만 보도하거나 왜곡된 가짜 뉴스가 앵커가 되면, 대중의 선택에 영향을 주기도 하고 혼란을 주기도 한다. 미디어의 발달로 사람들은 어디서나 쉽게 정보를 얻는다. 앵커링 효과를 이용하려는 입장에서는 자신에게 유리한 상황으로 사람들의 생각을 움직이려는 의도가 있다. 그 의도를 추론하고 판단하지 않는다면 잘못된 의도에 이용되기도 하고 잘못된 신념이나 편견에 빠질 수도 있다.

에멘탈 효과
(Emmental Effect)

자신의 범행을 완강하게 부인하는 용의자의 심리적 약점을 공격하여 범행을 시인하도록 하는 수사 심문 방법.

'에멘탈'은 스위스 에멘탈 지역에서 나는 치즈이다. 구멍이 숭숭 나 있는데, 구멍에 칼을 찔러 넣어야 썰어지는 단단한 치즈이다. 이 치즈의 이름을 딴 '에멘탈 효과'는 범죄 심리에서 쓰는 심문 방법 중 하나이다. 자신의 범행을 완강하게 부인하는 용의자의 심리적 약점을 공격하여 범행을 시인하도록 하는 효과이다. 마치 단단한 치즈를 자르기 위해 구멍을 이용하듯이 용의자의 심리에서 약한 구멍을 찾아 용의자의 단단한 벽을 허무는 것이다.

간혹 피도 눈물도 없는 범죄자에게 어떻게 자백받아냈을까 싶은 사건들이 있는데, 대표적인 것이 사이코패스 범죄이다. 사이코패스는 자신의 잔혹한 범죄에 대한 죄책감도 없고 공감 능력도 떨어지기 때문에 평범한 유도 신문으로는 범죄행각에 대한 자백을 받아내기가 쉽지 않다.

이미 서구의 여러 나라에서는 연쇄살인이나 범죄자의 뇌 구조에 관한 연구가 꾸준히 진행되면서 범죄 심리학이 자리 잡았다. 미국은 1960년대부터 프로파일링을 통한 수사기법을 개발하여 이를 전담하는 프로파일러라는 전문가를 양성하고 있다. 오늘날에는 범죄자의 심리를 심리기술을 통해 분석하는 프로파일러의 역할이 중요한 수사기법으로 자리 잡고 있다.

프로파일러가 사용하는 프로파일링은 범죄 현장을 분석해서 범인의 성격이나 습관, 범행 수법 등을 추론하여 미특정 범죄자를 찾아내는 기법이다. 우리나라의 경우 2000년대 들어 이 기법이 도입되었고, 2000년대 전후반에 일어났던 연쇄살인 범죄를 해결하는 데 중요한 역할을 했다. 이중 권일용 프로파일러가 에멘탈 효과를 이용하여 해결한 대표적인 사건이 강호순 연쇄살인 사건이다.

강호순은 부녀자들을 대상으로 연쇄살인을 했던 인물로 자신의 범죄에 대해 전혀 죄책감을 느끼지 않았다. 도리어 '증거를 대라'며 경찰에 항변하고, 여러 증거를 통해 범인으로 확정된 상황에서도 자신의 범죄를 인정하지 않았다. 당시 이 사건을 담당했던 권일용 프로파일러는 강호순을 분석하여 그의 심리적 약점이 자식들임을 파악했다고 한다. 그는 강호순의 구멍이자 아킬레스건이 되었던 강호순의 아들 이야기를 언급하여 강호순의 범죄 사실을 자백받았다고 한다.

에멘탈 효과가 범죄 심리 용어라는 점에서 우리의 일상과 멀리 있는 것이라 여겨질 수 있지만 일상에서는 설득의 기법으로도 이용할 수 있다. 그러기 위해서는 설득 대상을 유심히 관찰하고 그의 약점에 공감함으로써 대상과의 거리감을 좁혀야 한다.

27

요구 특성 효과
(Demand characteristics Effect)

실험 과정에서 피실험자들이 연구자의 실험 목적을 먼저 파악하여 연구자의 목적에 맞게 행동한 나머지 실험 결과의 정확성이 떨어지게 되는 심리 현상.

미국 정신의학자 마틴 오른이 〈심리학 실험에서의 사회심리학에 대하여〉라는 논문에서 사용한 '요구 특성 효과'는 실험 과정에서 피실험자들이 연구자의 실험 목적을 먼저 파악하여 연구자의 목적에 맞게 행동한 나머지 실험 결과의 정확성이 떨어지게 되는 걸 뜻한다. 피실험자는 연구자에게 도움을 주고 싶다는 선의에서 한 행동이지만 올바른 실험 결과를 얻을 수 없다는 점에서 부정적인 결과를 준다.

요구 특성 효과를 밝히기 위한 목적의 실험은 아니지만, 요구 특성 효과를 입증해준 대표적인 실험이 '호손실험'이다. 미국의 전구 제조 공장인 호손 공장 노동자들을 대상으로 한 생산성 향상의 요인을 밝히는 실험을 했는데, 작업환경이나 방법의 외부적 요인보다는 노동자 간의 내부적 심리 요인이 생산성 향상에 영향을 준다는 결론을 얻었었다. 그러나 이 실험은 실패했다. 그 이유는 실험 대상인 노동자들의 심리상태가 처음부터 '내부적 심리 요인이 생산성 향상에 영향을 준다'는 결론을 낼 수밖에 없었기 때문이다.

　노동자들은 자신들이 연구자들에게 관찰되고 있다는 사실을 알고 여느 때와 다른 태도로 작업에 임했다. 이 실험 기간 동안 노동자들은 연구자들을 의식하여 그들의 의도에 맞게 행동해줌으로써 생산성이 향상된 것처럼 보이게 했다. 그래서 호손실험은 요구 특성 효과의 대표적인 사례가 되었고, 비슷한 현상으로는 '피그말리온 효과(Pygmalion effect)'가 있다. 피그말리온 효과는 무언가에 대한 믿음이나 기대, 예측이 실제 일어나는 경향을 말한다.

　정확성을 요구하는 실험에서는 요구 특성 효과가 바람직한 현상이 아니지만, 실생활에서는 긍정적인 면과 부정적인 면이 공존한다. 가령, 위로받기를 바라는 친구의 고민에 공감해주는 등의 태도는 인간관계를 좋게 만드는 데 도움이 된다. 그러나 친구의 무리한 요구를 거절하지 못하거나 친구의 의도에만 맞추어 관계를 유지하는 것은 옳지 못한 요구 특성 효과의 예이다.

28

자이가르닉 효과
(Zeigarnik Effect)

끝마치지 못하거나 미완으로 남은 일을 쉽게 잊지 못하는 심리 상태.

미니시리즈나 연속극 같은 드라마들은 왜 항상 중요한 장면에서 끝나고 다음 회로 넘어가는 걸까? 왜 이루지 못한 첫사랑의 기억과 타인에게 받은 부당한 대우는 쉽게 잊히지 않고 잊을 만하면 떠오르는 걸까?

사람은 성공하거나 완성된 것에 대해서는 잘 잊지만, 실패하거나 미완으로 끝난 것을 더 오래 기억하는 경향이 있다. 이렇게 끝마치지 못하거나 미완으로 남은 일을 쉽게 잊지 못하는 심리를 '자이가르닉 효과'라고 한다. 러시아 심리학과 학생 블루마 자이가르닉과 그녀의 스승인 쿠르트 레빈은 식당 종업원이 손님들이 주문한 음식을 잊지 않고 서빙하는 것을 보고 그 모든 것을 끝까지 기억하는지를 질문했다. 식당 종업원은 서빙이 완결된 주문에 대해서는 기억하지 못한다고 답했다.

이것에 착안한 두 사람은 실험 참가자들을 두 그룹으로 나누어 한 가지 실험을 했다. 두 그룹에 공통된 과제를 주고 한 그룹은 그 과제를 끝까지 마칠 수 있도록 했고, 한 그룹은 그 과제를 마칠 수 없도록 조작하였다. 그 후 실험 참가자들이 과제에 대해 얼마나 기억하고 있는지 물었다. 결과적으로 과제를 완성한 그룹보다는 과제를 완성하지 못한 그룹이 과제 내용을 더 많이 기억하고 있었다. 이 실험 결과가 발표되면서 연구자의 이름을 따 미완성에 대한 기억이 완성에 대한 기억보다 오래 기억되는 효과를 '자이가르닉 효과'라고 이름 붙였다.

사람은 무엇을 하기 위해 집중하는 동안 긴장 상태에 놓인다. 집중했던 일이 끝나면 긴장 상태도 이완되어 끝난 일에 대해 미련을 갖지 않는다. 하지만 집중하던 일을 중단하면 긴장 상태가 끝나지 않은 채로 유지되면서 더 오래 기억하게 된다는 것이다.

자이가르닉 효과는 출발점이 심리학이지만 경제용어로도 넓게 쓰이고 있다. 특히 이러한 심리를 잘 이용하고 있는 분야가 마케팅이다. 극적인 장면에서 끝나버리는 드라마, 서바이벌 프로그램에서 중요한 발표를 앞두고 광고를 삽입하는 일, 티저광고, 미션 달성에 실패한 게임을 노출하는 것 등이 자이가르닉 효과를 이용한 마케팅 기법이다. 이것은 보는 사람이 긴장 상태를 유지하게 하여 다음 내용에 대한 궁금증을 증폭시키고 내용이 완결될 때까지 관심을 갖도록 하는 데 목적이 있다.

29

제복 효과

(Enclothed cognition Effect)

입고 있는 복장에 따라 사람의 행동이나 심리가 달라질 수 있음을
나타내는 심리 현상.

입은 옷이 무엇이냐에 따라 마음가짐도 행동도 달라진다. 당연
하게 여겨지는 이 말을 증명한 흥미로운 실험이 있다. 미국 심리학
자 R.D. 존슨과 L.L. 다우닝은 실험에 참여한 60명의 여학생을 대상
으로 '쿠 클럭스 클랜(KKK)'이라 불리는 '백인우월자단체'의 복장과
비슷한 옷과 간호사복을 번갈아 바꿔입게 했다. 그리고 6단계의 전
기쇼크가 가해지는 버튼을 주고 문제를 틀린 사람에게 누르게 했
다. 실험 결과 백인우월자단체의 복장을 입었을 때 여학생들은 충격

이 강한 버튼을 눌렀고, 간호사복을 입었을 때는 충격이 약한 버튼을 눌렀다. 이 실험을 통해 사람은 입은 복장에 따라 행동이나 심리가 달라질 수 있다는 것을 증명했는데, 이 실험 결과에 따라 이름을 붙인 것이 '제복 효과'이다.

제복은 직군이나 학교와 같이 조직적인 사회에서 공통으로 입어야 하는 복장이다. 제복을 입는 이유는 같은 조직의 구성원이라는 동질감을 형성하고, 생산성을 높이는 데 효과적이기 때문이다. 또한 제복 착용으로 구성원들이 그에 걸맞은 행동을 하게 하고, 자신의 구성원과 다른 조직의 구성원을 구별하는 수단이 되기도 한다. 예를 들어, 교도소라는 한 공간에 있지만 간수의 제복과 죄수의 제복은 엄연히 구별되어 있고, 그것이 그들의 처한 위치를 말해준다.

제복은 소속감과 동질감을 줄 수 있다는 긍정적인 측면과 함께 획일적이고 창의성을 저해한다는 부정적 측면도 가지고 있다. 그 예로 교복을 들 수 있다. 교복 착용을 찬성하는 측은 교복 착용의 장점으로 학생들의 생활지도에 도움이 되고, 학업에 집중해야 할 시기인 학생들의 외모에 들이는 시간을 절약할 수 있고, 부모의 경제적인 부담을 줄이며, 교복이 학생을 학생답게 보이게 한다는 점을 들고 있다. 그러나 반대 측은 교복 착용의 단점으로 교복이 학생들의 권리를 제한하기 위한 감시 용도이며, 학생들의 개성을 저해한다는 점을 들고 있다.

30

쿨레쇼프 효과
(Kuleshov Effect)

개별적인 쇼트의 이미지가 아닌 쇼트들의 연결에 따라 맥락이 형성되어 의미와 정서를 전달한다는 몽타주 기법의 기본 개념을 확립한 영화 실험.

러시아의 영화감독 레프 쿨레쇼프는 각기 촬영한 쇼트(Shot: 움직임을 담아내는 최소의 단위)들을 붙여 재구성함으로써 새로운 의미를 만들어내는 몽타주 기법을 정립한 인물이다. 그는 개별적인 쇼트의 이미지가 아닌 쇼트들의 연결에 따라 맥락이 형성되어 의미와 정서를 전달하는 것이 몽타주라는 이론을 주장했다. 이를 증명하기 위한 실험이 '이반 모주킨(Ivan Mozzhukhin)'의 실험이다.

그는 영화배우 이반 모주킨의 무표정을 촬영한 후 그 쇼트를 각기 다른 쇼트에 붙여 사람들이 그의 표정을 어떻게 해석하는지 알아보았다. 첫 장면은 수프가 담긴 그릇의 쇼트와 모주킨의 쇼트, 두 번째 장면은 관 속에 누워있는 여자아이의 쇼트와 모주킨의 쇼트, 세 번째 장면은 소파에 누워있는 여성의 쇼트와 모주킨의 쇼트를 연결했다. 그리고 각각의 몽타주에서 모주킨의 표정이 어떻게 느껴졌는지 실험자에게 물었다. 실험자들은 첫 장면에서는 배고픔을, 두 번째 장면에서는 슬픔을, 세 번째 장면에서는 욕망을 느꼈다고 답했다. 똑같은 표정의 쇼트였지만 앞에 어떤 쇼트가 붙느냐에 따라 전혀 다른 의미의 맥락이 형성되고 표정도 달리 보였다는 것이다. 이렇게 몽타주 기법의 기본 개념을 확립하는 과정에서 나온 것이 쿨레쇼프 효과이다.

쿨레쇼프의 몽타주 정립은 이후 현대 영화의 흐름에 막대한 영향을 끼치며 영화 편집 기술에서 중요한 위치를 점한다. 그러나 몽타주 기법은 독창적인 영화 기법인 동시에 배우의 연기력을 조작하거나 현실을 왜곡하여 보여줄 수 있다는 평가도 받는다. 특히 비디오 플랫폼이나 뉴스채널의 편집뉴스에서 짜깁기 된 영상들은 쿨레쇼프 효과의 의도를 부정적으로 활용한 예이다.

예를 들어, 영상 제작자가 악의적으로 어떤 공적인 인물을 모해하기 위해 부정적인 이미지의 쇼트들에 그 인물의 쇼트를 붙여 연속적으로 보여줄 수 있다. 영상을 보는 시청자는 각각의 쇼트의 맥락을 파악하려고 하기보다는 재구성된 쇼트들의 나열만을 가지고 맥락을 형성하고, 제작자가 의도한 대로 그 인물을 판단할 수 있다. 흔히 하는 말로 의도적으로 상황이나 사실을 왜곡하여 오해를 불러일으키도록 하는 '악마의 편집'은 몽타주 기법을 작위적으로 오용하는 사례라 할 수 있다.

31

파파게노 효과
(Papageno Effect)

언론이 자살 사건의 보도를 자제함으로써 다른 자살을 막을 수 있다는 사회적 합의.

'파파게노'는 모차르트의 오페라 〈마술피리〉의 주인공이다. 파파게노는 연인을 잃고 비관한 나머지 자살을 시도한다. 이때 3명의 요정이 나타나 희망의 노래를 들려주며 자살을 만류하여 파파게노는 죽음의 유혹을 극복하고 삶의 의지를 되찾는다. '파파게노 효과'는 이 주인공의 이름을 딴 것으로, 요정들이 파파게노의 죽음을 막았듯이 언론이 자살 사건의 보도를 자제함으로써 다른 자살을 막을 수 있다는 효과이다.

연구에 따르면, 자산에 대한 자세한 언론 보도가 유사한 상황에 놓인 사람들의 자살을 유발한다고 한다. 이것은 언론이 가진 영향력에 대한 숙고 없이 자살이라는 자극적인 보도를 양산하면서 자살에 대한 구체적인 방법을 안내하는 역할을 하기 때문이다.

이것을 바로잡은 것이 오스트리아 비엔나 지하철 자살이다. 당시 비엔나에 지하철이 개통되면서 달려오는 기차에 뛰어드는 자살이 빈번하게 일어났다. 이것을 두고 언론은 자극적인 보도들을 내놓았고, 이를 모방하여 자살을 시도하는 사람들의 수도 증가했다. 이 문제의 원인을 직시한 오스트리아 자살예방협회는 자살 보도가 모방 자살로 이어질 수 있다는 점을 언론사들에게 인식시키고, 자살 보도를 자제해 달라고 요청했다. 자살예방협회의 요청을 받아들인 언론사들은 이후 자살 보도를 자제했고, 그 결과 자살률을 낮출 수 있었다.

우리나라의 한 연구팀도 자살의 국내 사례를 조사하면서 파파게노 효과가 우리에게도 적용된다는 것을 확인했다. 조사에 따르면, 자살 보도와 관련된 법과 보도 권고기준이 시행된 후 자살률이 낮아졌다고 한다. 최근 들어 인터넷 포털 사이트에 올라오는 자살 보도는 내용도 간략하고 기사 하단에는 반드시 상담 기관의 전화번호를 안내하여 자살을 예방하려는 노력도 기울이고 있다.

우리나라는 하루에 40명 가까이 자살 사건이 발생하는 나라로, OECD 가입국 중 자살률 1위라는 불명예를 몇 년째 고수하고 있다.

언론이 자살 보도에 대해 신중히 대처하는 노력도 중요하지만, 자살의 원인이 해결되지 않는 이상 그 사회는 건강한 사회라고 보기 어렵다. 특히 노인과 청소년의 자살은 복지제도와 교육제도의 취약성을 드러내는 비극이다. 국가는 자살을 개인의 선택적 죽음이라는 식으로 책임을 회피하기보다는 국민 어느 계층이든 안정적인 삶을 영위할 수 있도록 정책적으로 책임을 다해야 한다. 그래야만 자살률 1위라는 불명예를 벗을 수 있다. 또한 미디어의 발달로 쉽게 자살과 관련된 정보를 접할 수 있는 매체들이 많아진 만큼 이것을 차단하기 위한 공적인 노력도 필요하다.

32

프레이밍효과
(Framing Effect)

> 정보 전달자가 어떤 사건이나 현상을 어떤 틀에 맞추어 보여주느냐
> 에 따라 대중의 판단과 선택이 달라질 수 있다는 이론.

'프레이밍(framing)'은 '틀', '짜맞추기', '구성'이란 뜻으로 해석할 수 있다. 정보 전달자가 어떤 사건이나 현상을 어떤 틀에 맞추어 보여주느냐에 따라 대중의 판단과 선택이 달라질 수 있다는 이론이 '프레이밍효과'이다.

사진을 예로 든다면, 한 여인이 매트리스 위에서 곤히 잠든 모습을 담은 사진과 국기에 덮인 관의 모습이 담긴 사진이 있다. 첫 번째 사진은 여성의 편안한 한때처럼 보이고, 두 번째 사진은 군인의 죽

음을 알게 한다.

그런데 이 두 사진이 하나의 사진이라면 전혀 다른 의미를 지닌다. 남편의 관 앞에서 떠나지 못하는 아내의 애처로운 모습이다. 하나의 사진이지만 어떤 부분을 부각하여 보여주느냐에 따라 보는 사람의 판단이 달라질 수 있다. 앞의 두 사진은 사실을 전달하고 있지만 진실은 사진 전체를 보지 않고는 알 수가 없다. 혹은 사진 자체가 진실에서 벗어난 사실일 수도 있다.

프레이밍효과는 행동경제학자이자 심리학자인 다니엘 카네만과 심리학자 아모스 트버스키의 공동저서인《결정의 구조화와 선택의 심리학》에서 비롯됐다. 사람들은 긍정적인 인식의 틀을 제시하면 불확실한 이득보다는 확실한 이득을 선택하고, 부정적인 인식의 틀을 제시하면 확실한 손실보다는 불확실한 손실을 선택한다고 봤다. 이러한 이론은 이후 경제와 정치, 광고, 사회단체, 미디어 등에서 방대하게 적용되고 있다.

문제는 메시지를 전달하려는 주체가 긍정적인 측면과 부정적인 측면 중 무엇을 선택적으로 보여주느냐에 따라 진실이나 왜곡된 사실을 전달할 수 있다는 것이다.

언론 보도를 보면서 사람들은 흔히 '프레임을 씌운다'라고 말한다. 정치 보도에서 긍정적인 프레임보다는 부정적인 프레임을 선호하는 면이 많다. 이때 언론 미디어가 양립하는 정치집단 중 누구에게 초점을 맞춰 어떤 보도를 하느냐는 유권자들의 정치적 판단에 많은 영향을 준다. 그래서 프레임은 정보 전달자가 자신의 이익을 위해 특정된 부분을 확대하여 보여줄 수도 있으므로 전체를 보고 판단하려는 노력이 필요하다.

33

플라시보 효과(Placebo Effect)와 노시보 효과(Nocebo Effect)

가짜 약을 썼지만 진짜 약으로 믿어 증세가 호전되는 현상과 약효에 대한 불신과 약을 사용했을 때의 부작용 등을 염려하여 약효가 발휘되지 않는 현상.

'플라시보 효과'는 의학용어로 가짜 약을 썼을 때 환자가 그것을 진짜 약으로 믿으면 증세가 호전되는 것을 뜻한다. 그와 반대로 노시보 효과는 약효에 대한 불신과 약을 사용했을 때의 부작용 등을 염려함으로써 약효가 발휘되지 않는 현상이다.

신약 개발을 위한 임상실험 중에 신약의 성능을 확인하는 '이중맹검법'이란 게 있다. 피검자인 환자나 의사에게 진짜와 가짜 약을 알리지 않고 무작위로 주고 효력을 판정하는 실험방법이다. 그런데 가짜 약을 투여했는데도 병세에 효과를 보는 경우들이 있어서 제약회사는 신약의 효과가 플라시보 효과에 의한 것인지를 검증해야 하는 과제를 안고 있다. 신약에 대해 환자의 부정적인 심리가 작용할 때는 약효가 떨어지는 노시보 효과도 신약 개발에 영향을 준다.

플라시보 효과는 입증된 현상으로, 여러 실험 사례에서 그 효과가 증명되고 있다. 초기 실험에서 의학은 가짜 약이라는 사실을 알리지 않고 환자에게 처방했을 때 효능이 있다는 것을 인정하지 않았다. 그러나 현재는 자기공명영상을 통한 뇌의 반응을 관찰하여 플라시보 효과를 입증했고, 플라시보 효과를 믿는 환자를 대상으로 가짜 약이라는 것을 알리고 투약했을 때도 효과가 있다는 연구 사례들이 나오고 있다.

연구자들은 플라시보 효과와 노시보 효과를 가져오는 것이 치료에 대한 환자의 기대심리 때문으로 보고 있다. 환자들이 치료에 대해 긍정적인 기대심리를 가지고 있으면 플라시보 효과를 얻을 수 있고, 부정적 기대심리를 갖고 있을 때는 노시보 효과를 가져온다는 것이다. 이 두 현상은 신약 개발의 대조군 실험방법에서 출발했지만, 전반적인 의료행위가 환자의 심리에 작용하고 있음을 보여준다.

34

피그말리온 효과

(Pygmalion Effect)

> 간절히 바라고 믿고 예측한 것이 실제의 일로 이루어질 수 있다는
> 교육 심리.

　피그말리온은 그리스 신화 속의 인물로, 조각가이다. 현실의 여성에 환멸을 느낀 그는 자신이 가장 이상적인 여인이라고 생각하는 여성의 모습을 조각한다. 그러고 나서 '갈라테이아'라는 이름까지 붙여주며 그 조각상을 사랑하게 된다. 그의 지극한 사랑에 감동한 아프로디테는 에로스를 보내 바람대로 조각상을 진짜 여성으로 만들어준다.

　피그말리온 효과는 이 신화에서 유래된 것으로, 간절히 바라고

믿고 예측한 것이 실제의 일로 이루어지는 것을 뜻한다.

피그말리온 효과를 교육심리학에 적용한 사람이 로버트 로젠탈과 레노어 제이콥슨이다. 이들은 교사의 기대심리가 학생들의 성적 향상에 어떤 영향을 미치는지 실험하여 1968년 〈교실 속의 피그말리온〉이라는 보고서로 발표했다. 이후 실험자의 이름을 붙여 교육심리학에서의 피그말리온 효과를 '로젠탈 효과'라고 부른다.

로젠탈은 실험에서 교사에게는 학생들의 지능검사라고 안내한 후 이 지능검사 결과를 통해 선별된 학생들이 향후 성적 향상이 기대된다고 교사에게 알려준다. 그러나 학생들은 선별된 것이 아닌 무작위적으로 선택된 학생들이다. 그런데 몇 개월 후 성적 향상이 기대된다고 했던 학생들의 성적이 실제로 향상된 결과를 보인다. 로젠탈은 이 실험 결과를 통해 교사가 학생들에게 성적 상승에 대한 기대를 갖게 되면 교사는 남다른 관심을 갖고 이들 학생을 대하게 되고, 이러한 교사의 기대심리가 학생들에게도 긍정적인 영향을 끼친다고 한다.

로젠탈 효과가 학생에게 긍정적인 효과를 준다면 반대로 '골렘 효과(Golem effect)'는 교육자의 부정적인 기대심리로 인해 학생의 성적이 떨어지는 효과이다. 학생의 성적이 교사의 기대심리에 의해서만 좌우되는 것은 아니지만 교사의 사소한 시선 하나에도 학생들은 민감해진다.

실제 조사에 따르면, 교사의 부정적인 언어도 학생에게 상처를 주지만 자신을 바라보는 한심하다는 눈길, 한숨 같은 행동들이 학생들의 의욕을 저하한다고 한다. 그래서 이 두 효과는 교육심리학에서 학습자에 대한 교육자의 태도를 지침하는 중요한 이론이 되고 있다.

PART 3

신드롬(syndrome)

이유 있는 아픔

35 뚜렛 신드롬
(Tourette Syndrome)

신체 일부분을 반복적으로 빠르게 움직이는 운동 틱이나 반복적으로 이상한 소리를 내는 음성 틱이 1년 이상 지속되는 증상을 보이는 정신과 질환.

'뚜렛 신드롬'은 신체 일부분을 반복적으로 빠르게 움직이는 운동 틱이나 반복적으로 이상한 소리를 내는 음성 틱 증상이 1년 이상 지속되는 정신과 질환이다. 운동 틱은 스스로 통제하지 못하는 안면의 움직임이나 뛰거나 다리를 구르는 등의 행동이 반복적으로 이루어진다. 음성 틱은 갑자기 소리를 지른다든가, 욕을 하는 등의 통제 불능의 소리를 내는 증상이다. 이 신드롬은 틱장애를 동반하고 있어서 보통은 틱장애로 많이 알려져 있다.

이 신드롬의 정확한 명칭이 대중적으로 알려진 것은 '아임 뚜렛'이라는 유튜버의 활동을 무시할 수 없다. 공영방송을 통해 뚜렛 신드롬에 대한 다큐멘터리가 방영되었는데, 이 증상을 보이는 환자들의 어려움이 소개된 바는 있지만 이 신드롬을 가진 당사자의 방송이라는 점에서 흥미를 끌었다. 그러나 유튜버 '아임 뚜렛'이 실제로 뚜렛 신드롬 환자가 아니라는 것이 드러나면서 누군가에게는 고통인 이 장애를 경제적으로 이용했다는 비난을 면치 못했다.

뚜렛 신드롬은 프랑스 신경학자 조르주 질 드라 뚜렛 박사가 처음으로 이 증상을 기술하며 자기 이름을 따서 지었다. 정확한 원인이 밝혀지지 않았지만, 100명 중 한 명이 증세를 가지고 있고, 15세~18세 전에 이 증상이 발현되는 유전자적 장애로 보는 견해가 많다. 뚜렛 신드롬은 진행 과정이 개인마다 많은 차이를 보이고 있는데, 한 가지의 반복적 행위를 보이는 경증부터 두 가지 이상의 반복적 행위를 보이는 중증까지 양상이 다양하다. 그러나 겉으로 드러나는 이상 행동 때문에 타인의 주의를 끌고, 그로 인해 대인관계 형성이 쉽지 않은 고통을 겪고 있다.

이 장애는 현재 명확한 치료법이 없다. 성장하면서 증세가 호전되는 경우가 많지만, 우울증이나 수면 문제, 강박충동장애와 같은 기능장애를 동반할 때는 약물치료가 이루어진다. 뚜렛 신드롬은 이 질환을 가진 사람이 자기 행동을 인지하지 못하는 경우가 많아 누가 지적하기 전에는 인지하지 못한다. 이로써 갑자기 교실 안을 돌아다닌다든가, 소리를 크게 내어 공통의 학습공간이나 교육과정에서 불청객으로 취급받기 쉽다. 경증일 경우 문제가 되지 않지만, 소수의 중증 학습자들은 그들의 상황에 맞는 학습공간과 개별적인 교육이 필요하다.

36 리셋 신드롬
(Reset Syndrome)

컴퓨터를 사용하다 오류가 났을 때 리셋 버튼을 누르면 시스템이 다시 시작되는 것처럼 현실도 인생도 새롭게 시작할 수 있다고 생각하는 심리적 상태.

'리셋 신드롬'은 컴퓨터를 사용하다 오류가 났을 때 리셋 버튼을 누르면 시스템이 다시 시작되는 것처럼 현실도 인생도 새롭게 시작할 수 있다고 생각하는 심리적 상태를 말한다. 서울 경찰청 사이버 수사대에서는 이 신드롬을 인터넷 중독의 하나로 보며 범죄 심리 용어로 규정하고 있다.

이 신드롬은 인터넷 중독과 현실 도피 심리가 결합하면서 범죄 행위로 이어질 수 있다는 심각성이 있다.

이 신드롬의 용어가 처음 사용된 것은 1997년 일본에서 있었던 사건 때문이다. 당시 14세의 신이치로는 초등학생을 죽이고 토막까지 내는 엽기적인 범죄행위로 일본을 경악하게 만들었다. 더욱 충격적인 것은 죽은 아이의 가족이 받은 상처를 생각해봤냐는 질문에 "아이는 다시 살아날 거에요. 게임인데 왜 죽어요"라고 대답한 점이다. 신이치로는 자신의 범행이 현실이 아닌 게임 속의 일로 생각하고 있었다.

2000년대 이후 인터넷의 보급으로 인터넷 게임이 양산되면서 우리나라는 물론이고 많은 나라가 이와 유사한 사건들을 경험하고 있다. 특히 게임 중독자 중에서도 폭력적인 게임에 노출된 청소년과 젊은 세대가 위험군에 속한다.

리셋 신드롬이 의심되는 범죄들의 유사성은 현실과 게임을 구분하지 못하기 때문에 게임이 리셋이 가능하듯이 현실도 리셋이 가능하다고 여긴다.

또한 심리학자들은 IT 기술의 발달로 가상현실과 증강현실과 같이 기술적으로 현실과 가상의 경계가 모호한 환경에서 이 신드롬이 심화될 여지가 높다고 예상한다. 자동차 시뮬레이션게임을 하던 초등학생이 실제로 부모의 차를 운전하여 장거리를 이동한 사건도 있다. 아직 판단이 미숙한 어린 연령층으로 갈수록 게임 중독에 빠지기 쉽고 모방심리가 강하다는 것은 잘 알려진 사실이다. 그만큼 리셋 신드롬과 같은 심리 상태에 빠지기 쉽다는 것이다.

리셋 신드롬을 막는 최선의 예방책은 게임 중독에 빠지지 않도록 하는 것이다. 서울경찰청 사이버 수사대에서는 먼저 게임에 중독되지 않도록 건강한 취미생활과 운동, 긍정적인 대인 관계를 형성하여 유지하는 것이 중요하다고 한다. 그러나 스스로가 절제와 조절이 힘들다면 중독전문가와의 심리상담을 통한 치료를 받는 것이 최선이다. 대부분의 중독이 그렇듯이 본인의 의지만으로는 해결이 불가능하므로 주변인의 각별한 관심과 적극적인 개입이 필요하다.

37

리스트컷 신드롬
(Wrist-cut Syndrome)

비자살성 자해 행위 중 하나로 손목에 반복적으로 상처를 내는 행위.

'리스트컷 신드롬'은 비자살성 자해 행위 중 하나로 손목에 반복적으로 상처를 내는 행위를 말한다. 비자살성 자해는 자살을 위한 행동이라기보다는 자신에게 해를 끼쳐 여러 요인의 스트레스를 해소하려는 행위이다.

한국청소년상담복지개발원의 보고서에 따르면, 리스트컷 신드롬과 같은 비자살성 자해를 경험한 자해 청소년은 부정적인 정서를 경험하고 감정을 드러내기보다는 억제하는 경향이 있다고 한다. 이런 부정적인 정서의 경험은 자신을 스스로 벌하거나 분노와 스트레스를 느낄 때, 살아있다는 것을 확인하고 싶을 때, 자신의 마음을 알아주는 사람이 없다고 느낄 때 자해로 이어진다.

자살이 삶의 의지를 상실한 상황에서 자행된다면 리스트컷 신드롬의 자해 행위는 삶의 애착이 강하거나 자신이 당면한 문제를 누군가가 알아주기를 바랄 때 행한다. 그래서 전문가들은 행위의 심리적 상황이 다른 만큼 자살 충동과 자해 충동을 같은 행위로 규정해서는 안 된다고 말한다.

리스트컷 신드롬은 대인관계의 미숙함과 정서 조절에 어려움을 겪는 청소년기에 발생하기 쉽다. 그러나 자해 행위에 대한 사회적 시선이 곱지 않은 만큼 그 충동 시기가 지난다 해도 상흔으로 인해 또 다른 상처를 받을 수 있다. 그래서 보고서에서는 자해 청소년들을 위한 구체적인 예방 매뉴얼을 통해 자해 청소년이 자해 행위에 대해 제대로 인식하고 합리적이고 긍정적인 사고를 할 수 있도록 도와야 한다고 한다.

SNS에는 자해 사진이나 자해의 흔적처럼 보이는 상처를 그린 사진들이 올라온다. 누군가에게는 자신을 스스로 해치면서까지 보내는 고통의 신호가 자해 유희처럼 유행하는 것에 대한 우려가 크다. 포털사이트에 리스트컷을 치기만 해도 자해 후기나 방법의 키워드들이 무차별적으로 펼쳐진다. 자해 청소년들의 심리치료만큼이나 모방성이 강한 청소년들을 보호하기 위한 관계기관의 통제력이 필요하다.

38

리플리 신드롬
(Ripley Syndrome)

> 특정 질환 없이 상습적인 거짓말과 행동을 반복하는 인격장애.

'리플리 신드롬'은 상습적인 거짓말과 행동을 반복하는 인격장애 유형 중 하나이지만, 정식 병명으로 인정받지 못한 신드롬이다. 영화나 드라마, 웹툰과 같은 곳에서 특이한 인격의 인물을 묘사하는 소재로 자주 다뤄지고 있다. 이 인물들은 충족할 수 없는 욕망으로 인해 허상을 진실이라고 믿거나 자신의 거짓말을 진짜라고 믿고 있다. 리플리 신드롬이라는 명칭도 퍼트리샤 하이스미스의 《재능 있는 리플리 씨》라는 소설에서 유래했다.

망상장애와 현실과 허상을 구분하지 못한다는 공통점은 있지만, 망상장애는 조현증 같은 정신질환에서 보이는 증상이다. 망상장애가 일어날 수밖에 없는 질환의 원인이 분명하지만, 리플리 신드롬은 특정한 질환이 없이 상습적으로 거짓말을 하기 때문에 질환으로 분류하기 어렵다. 그러나 이와 같은 인격장애가 존재하는 원인을 무시할 수는 없다. 예술은 현실을 반영하는 만큼 이러한 유형의 인물들이 존재한다는 것은 현대사회에서 복합해진 인간의 심리를 반영한다고 볼 수 있기 때문이다.

보통 거짓말을 하는 당사자는 거짓말을 하는 상황을 인식하고 있어서 거짓말이 발각되면 인정하는 경우가 많다. 그런데 리플리 신드롬을 가진 사람은 자신이 한 거짓말을 진실이라고 믿는 증상이라 거짓이라는 것이 밝혀져도 이를 인정하지 않는다. 이러한 증상은 사회적으로 성공하고 싶은 열망은 강하지만 원천적으로 그것을 실현할 가능성과 실현을 위한 통로가 막혀있을 때 자신의 현실을 부정하는 데서 시작된다. 성공에 대한 강한 열망은 결국 가상의 현실을 만들고 자신조차 속임으로써 가상의 세계가 진실인 것처럼 착각한다. 또한 주변의 과도한 기대에 부응하지 못하여 자존감이 낮아지면서 거짓 속으로 숨어버리기도 한다.

리플리 신드롬은 거짓말을 하고 있다는 자각이 없어 자신의 상황을 인정하지 않는 경우가 많다, 그러다 보니 주변인들과 잦은 마찰이 생기고 고립되기도 한다. 그러나 망상장애의 원인이 되는 병변이 없어 약물치료보다는 상담 치료를 위주로 하고 있다. 본인의 자각이 어려운 만큼 자녀가 상습적으로 거짓말을 한다면 거짓말을 하게 된 원인을 파악하고 자존감을 높일 수 있도록 도와주는 것이 최선이며, 상담 치료에 적극적일 필요가 있다.

39 뮌하우젠 신드롬
(Münchausen's Syndrome)

질병이 없으면서도 주목받기 위해 병에 걸렸다고 거짓말을 하거나
실제로 자해하여 관심을 끌려는 정신질환.

'뮌하우젠 신드롬'은 질병이 없으면서도 주목받기 위해 병에 걸
렸다고 거짓말을 하거나 실제로 자해하여 관심을 끌려는 정신질환
이다. 미국의 정신과 의사 리처드 애셔가 영화 〈허풍선이 남작의 모
험〉의 주인공 뮌하우젠 남작의 이름을 따 명명했다.

뮌하우젠은 환자 역할을 통해 타인에게 동정과 연민의 관심을
받으려는 비정상적인 행동을 한다. 꾀병과는 다르다. 한여름 운동장
에서 하는 체육수업을 피하려고 꾀병을 부려 보건실을 찾았는데,

보건교사가 증세를 꼬치꼬치 캐묻고 관심을 보인다면 이보다 부담스러운 상황은 없을 것이다. 그러나 이 질환의 환자라면 보건교사의 관심이 기꺼울 뿐이다.

일반적인 뮌하우젠 신드롬은 자신을 병자로 만들지만 대리 뮌하우젠은 주변인을 병자로 만들어 관심을 사려 한다. 영국의 세계적인 물리학자 스티븐 호킹은 청년 시절 루게릭이란 병을 진단받았고, 말년에는 손가락조차 자유롭게 움직이지 못했다. 그는 신체적 한계에도 불구하고 블랙홀 연구에 크게 이바지한 인물이다.

그런데 학자로서의 명성과 함께 그를 유명인으로 만든 것이 대리 뮌하우젠 신드롬의 피해자라는 사실이다. 그를 헌신적으로 보살폈던 아내 일레인 메이슨이 앓고 있던 정신질환이 바로 뮌하우젠 신드롬이기 때문이다. 호킹에게 상습적인 구타와 방치를 일삼던 메이슨의 만행은 가족과 주변인들의 신고로 끝을 맺을 수 있었다. 메이슨은 남편에 대한 구타와 방치의 이유를 대중에게 관심을 받고 싶었기 때문이라고 밝혔다.

그래서 대리 뮌하우젠 신드롬 환자의 행위는 아동학대와 같은 범죄로 이어지는 경우가 많다. 타인을 속이는 것에 그치지 않고 자신이나 주변인을 해칠 수도 있다는 점에서 반드시 정신과적 치료가 필요하다.

뮌하우젠 신드롬은 유튜버나 SNS에 단골처럼 올려지는 소재이다. 틱장애가 없음에도 틱장애를 가진 환자의 역할을 한 유튜버, 우울증이 없음에도 수시로 자살을 암시하는 글을 올려 관심을 끌려는 SNS 계정자. 실제로 뮌하우젠이라는 병을 안고 사는 사람도 있겠지만 타인의 관심이 아닌 금전적 이익 같은 목적을 위해서 이 신드롬을 소비하고 있다면 이것은 범법행위이다.

40

바나나 신드롬
(BANANA Syndrome)

비선호 시설을 자기 지역에 설치하는 것에 반대하는 현상.

'Build Absolutely Nothing Anywhere Near Anybody Syndrome'의 약자인 '바나나 신드롬'을 해석하면, '아무와도 가까운 곳에 아무것도 짓지 마라'는 뜻이다. 이것은 환경오염을 초래하는 쓰레기소각장, 원자력발전소와 방사성 폐기물처리시설은 물론이고 화장장, 감옥 등과 같은 비선호 시설을 자기 지역에 설치하는 것에 반대하는 현상이다.

이것과 유사한 개념으로는 님비현상(NIMBY)이 있다. 님비는 'Not In My BackYard'(내 뒷마당에는 안돼)의 머리글자를 딴 것으로,

필요한 공공시설이라도 내 주변에는 안되는 이기적인 행동을 말한다.

바나나 신드롬을 지역이기주의의 현상으로 보는 경우가 많다. 하지만 비선호 시설들이 지역의 환경과 경제에 부정적인 영향을 주는 것이라 지역 생존의 문제를 지역이기주의라고만 보기 어렵다. 또한 비선호 시설들은 그 이익은 사회 전체가 누리지만 그 시설이 있는 지역민들이 위험부담을 전부 감당해야 한다는 불평등의 문제도 있다. 가령, 원자력발전소가 특정 지역에 세워졌을 때 거기에서 나오는 에너지를 사회 전체가 이용하겠지만 방사능 유출의 위험, 방사능폐기물의 처리 등의 피해 부담은 그 지역이 감당해야 한다.

지방분권화 시대에서 바나나 신드롬은 지역 간의 갈등을 키우는 역할을 하기도 한다. 선호 시설의 경우 앞다투어 자신의 지역에 유치하고 싶겠지만 비선호 시설을 자기 지역 내에 두고 싶은 사람은 없다. 인구 밀도가 높은 수도권 지역의 경우 쓰레기 매립지 문제는 매우 심각하다. 중앙정부에서는 이를 해소하기 위해 인천시와 옹진군에 매립지와 소각장을 신설하려고 했지만 지역민들의 강력한 반발에 부딪혔다. 결국 수도권 2천 5백만 명의 쓰레기를 처리하는 수도권매립관리공사는 소각장 신설과 폐기물처리 시설 설치를 반대하는 지역의 쓰레기 반입을 금지하겠다고 선언하기까지 했다. 쓰레기 처리시설이 있는 지역이라도 타지역의 쓰레기까지 유입되어 처리하는 것에 반대하여 시설이 제대로 가동되지 못하는 경우도 있다.

비선호 시설에 대한 인식을 바꾸기는 어렵기 때문에 비선호 시설을 유치하게 될 지역의 주민들이 받을 피해를 경제적으로 보상하는 방안을 적극적으로 고려해야 한다. 경제 보상을 요구하는 지역민들을 지역이기주의로 보는 시선이 있는데, 역지사지(易地思之)의 관점에서 보면 당연한 요구이다. 또한 정책을 추진하는 전 과정이 투명하고 공정하게 이루어져야 하며, 지역민을 설득하여 사회적 합의를 이루는 것은 무엇보다 중요하다.

41

번 아웃 신드롬
(Burnout Syndrome)

지속적인 스트레스로 인해 건강 상태에 이상을 초래하여 정신적, 육체적으로 회복이 어려운 상태.

'번 아웃(Burnout)'이라는 용어는 '모두 타서 없어지다'라고 의역할 수 있다. 모두 타 버리고 재만 남은 상태. 어떤 일에 매진하다 보면 지칠 수도 있고 휴식이 주어지면 재충전되는 것이 일반적이다. 하지만 건강에 이상을 초래하여 정신적, 육체적으로 회복이 어려운 상태가 되는 사례도 많다. 이 때문에 2019년 5월 세계보건기구(WHO)는 '번 아웃'을 건강 상태를 악화시키는 만성적 직장 스트레스 신드롬으로 추가하여 주의해야 할 증세로 보았다.

'번 아웃 신드롬'은 일반적인 스트레스와 달리 무감각, 무기력, 소외감, 자기 비하, 우울감을 느끼며, 심한 경우 육체적인 고통까지 동반되기도 한다. 일반적인 스트레스를 해소하지 못하고 장기간 관리하지 않고 방치한다면 번 아웃 신드롬으로 악화할 수 있다.

세계보건기구는 번 아웃 신드롬을 직업적 증세로 규정하고 있지만, '학업 소진'이라는 말이 있을 정도로 청소년에게도 익숙한 용어로 자리 잡았다. 학업 소진은 직장인들의 번 아웃 신드롬과 증세가 유사하다. 학업적 스트레스가 누적되고 관리되지 않아서 악화한 상태라는 점이나 피로감, 좌절감, 무력감 등으로 학업 자체를 포기하거나 학교생활에 적응하지 못하여 소외감을 느끼는 점이 그렇다.

중학교부터 치열한 입시 경쟁에 뛰어든 청소년들은 그만큼 학업 스트레스에 시달리는 기간도 길고, 쉽게 해소 방법을 찾지 못하는 게 현실이다. 그런데 성인은 번 아웃 신드롬에 대한 자각이 있으면 그에 맞는 적절한 조치들이 이루어지지만, 청소년의 학업 소진은 무시되거나 문제로 보지 않는 경우가 많다.

그러나 청소년의 학업 소진은 단순히 현재의 학업에만 문제가 되는 것이 아니라 앞으로의 삶의 태도에도 큰 영향을 미친다. 무력감과 좌절감을 수시로 경험한 청소년을 방치한다면 자존감이 낮고 대인관계에서도 냉소적이며 자신의 직업에 대한 만족감이나 성취욕도 느끼지 못하는 사회인으로 성장하기 쉽다.

번 아웃 신드롬을 예방하는 방법으로 직장인들에게 권장되는 것이 운동과 취미생활, 충분한 휴식이다. 이것은 청소년이라고 예외일 수 없다. 더 나아가 또래 집단과의 유대감, 어른들의 긍정적인 기대심을 통해 자기효능감을 높이는 것이 중요하다.

42 서번트 신드롬
(Savant Syndrome)

자폐증이나 지적장애, 치매 등의 장애가 있는 사람 중 일부가 특정 분야에서 천재성을 보이는 현상

드라마 〈이상한 변호사 우영우〉가 흥행에 성공하면서 주목받게 된 신드롬이 '서번트 신드롬'이다. 이 신드롬은 이전부터 많은 영화나 드라마에서 다뤄진 적이 있다. 〈레인맨〉의 실제주인공인 킴 픽은 엄청난 암기력으로 만여 권에 가까운 책을 암기하고 있다. 우리나라에서도 영화 〈말아톤〉, 〈굿닥터〉, 〈그것만이 내 세상〉, 〈증인〉 등에서 서번트 신드롬을 가진 주인공의 천재성을 보여주었다.

서번트 신드롬은 자폐증이나 지적장애, 치매 등의 장애가 있는

사람 중 일부가 특정 분야에서 천재성을 보이는 것을 일컫는다. 이들은 공통으로 좌뇌가 여러 요인으로 손상되면서 이를 보완하기 위해 우뇌가 활성화하여 천재성을 띤다. 흔히 자폐증이 있는 사람에게서 서번트 신드롬이 발현되는 것으로 알려졌지만, 자폐증이 아닌 사람에게서도 발현될 수 있다. 사고로 좌뇌에 손상을 입은 환자가 특정 분야에 천재성을 발휘하는 예도 있다. 그러나 좌뇌의 손상으로 인해 낮은 지능 수준, 집중력 부족, 판단력 부족, 의사소통 부족 등으로 일상생활이 어려운 경우가 많다.

그런데 서번트 신드롬을 가진 사람들의 반 이상이 자폐증이 있어서 이 신드롬과 자폐증 간의 연관성에 주목하는 연구도 있다. 자폐증이 있는 환자는 일반인보다 공감각 능력이 뛰어난데, 자폐증이 뇌 신경의 이상에서 비롯된 것이라 자폐증 환자에게서 서번트 신드롬이 좀 더 많이 발현되는 것으로 보고 있다. 그러나 일시적으로 서번트 신드롬을 보이다가 자폐증을 치료하는 과정에서 해소되는 경우도 있고, 정상적으로 살던 사람에게서 발현되기도 하여 완전하게 그 원인이 규명된 것은 아니다.

전문가들은 서번트 신드롬에 대한 관심이 높아지면서 자폐증의 천재성만 부각하는 것을 경계해야 한다고 말한다. 자폐증 환자 중 서번트 신드롬을 띠는 경우는 극소수에 불과하며, 천재성에 가려져 자폐증 환자들이 겪고 있는 어려움을 외면하는 경향이 있기 때문이다.

또한 소아정신과를 방문하는 환자의 12% 이상이 자폐증이라 할 만큼 유병률이 높지만, 이들을 위한 재활과 교육 기관은 많이 부족한 것이 현실이다.

　성인이 된 자폐증 환자의 관리와 자립은 온전히 가족의 책임이다. 사회적 상호작용이 부족한 사람을 대하는 혐오적 시선, 자폐증의 원인을 부모의 잘못된 양육과 유전적 질환이라 여기는 그릇된 인식. 이것은 자폐증 환자의 재활과 자립의 걸림돌이 되고 가족을 죄책감에 빠지게 한다. 그래서 자폐증 환자의 가족은 서번트 신드롬의 천재성에 환호하기보다는 자폐증에 대한 인식이 바뀌기를 바라고, 자폐증 환자들이 함께 살 수 있는 사회를 꿈꾼다.

스마일 가면 신드롬
(Smile mask Syndrome)

상대에게 좋은 인상을 주기 위해 내면의 감정을 숨기고 웃어야 하는 강박적인 심리.

"웃는 얼굴에 침 못 뱉는다"라는 속담이 있다. 웃음이 상대에게 호감을 줄 수 있고, 대인관계를 원만하게 만든다는 조상들의 지혜에서 비롯된 속담이다. 그러나 자신의 감정을 죽이면서 겉으로는 웃어야 한다면 어떨까? 마치 무대 위의 피에로처럼 속으로는 울면서 사람들에게 즐거움을 주기 위해 재주를 부리며 웃어야 한다면? 이처럼 상대에게 좋은 인상을 주기 위해 자기 내면의 감정을 숨기고 웃어야 하는 강박적인 심리를 '스마일 가면 신드롬'이라고 말한다.

의학적 용어로 '가면성 우울증'이라 불리는 이 신드롬은 자신의 감정 상태와는 다르게 웃음을 강요받는 상황이라 이로 인한 스트레스가 악화하여 우울증으로 발전하고 심한 경우 대인기피증까지 야기한다. 스마일 가면 신드롬의 기저에는 착한 아이로 보이고 싶고 좋은 사람으로 보이고 싶다는 심리가 있다. 그러다 보니 슬프거나 화가 나더라도 그 감정을 겉으로 드러내지 못하고 심리 상태와 전혀 다른 웃음으로 표현하게 된다.

이 신드롬에 노출되기 쉬운 사람으로는 대중의 시선을 항상 의식해야 하는 연예인, 대인을 일상적으로 접하는 상담원이나 영업사원, 판매원, 서비스를 담당한 승무원이나 호텔리어 등의 감정노동자들이다. 그들은 극도의 스트레스를 받는 상황에서도 타인을 만족시키기 위해서 감정을 억제하고 밝은 말투와 웃는 얼굴로 대해야 한다. 이러한 감정과 표현의 부조화가 반복되면서 우울증과 무력감을 느끼며 자살 충동에 이르기도 한다.

이 신드롬은 의학적인 용어가 '가면성 우울증'이라고 명명될 정도로 우울증을 동반한다. 우리나라는 청소년의 우울증과 자살률이 높은 나라이다. 청소년은 주변의 과도한 기대와 또래 집단과의 교류 때문에 많은 스트레스를 받는다. 경쟁과 따돌림이라는 덫에서 자신을 보호하기 위해서는 타인에게 무감한 척하거나 과장된 표현을 보여주게 된다. 또한 전통적으로 자신의 감정을 억제하는 것이 미덕처럼 여겨지다 보니 자신의 감정을 드러내면 미숙한 사람으로 취급한다.

MZ세대가 비교적 솔직하게 자신의 주장을 드러내는 세대라고 하지만 일부를 일반화하는 면이 없지 않다. 게다가 이 세대의 솔직한 말과 행동을 희화화하거나 무례를 그들의 특성이라고 인정해버리기도 한다. 거짓을 혐오하지만 솔직함은 무례라고 생각하는 사회에서 세대를 불문하고 자신의 감정을 솔직하게 표현하는 것이 쉽지 않다.

스마일 가면 신드롬에서 벗어나기 위해서는 우선 자신의 감정을 주변인들에게 솔직하게 표현하고, 슬픔이나 분노와 같은 부정적인 감정을 스스로 제어할 수 있다는 믿음을 버려야 한다. 누군가에게 보여지는 모습이 아니라 내가 느끼는 우울, 분노, 슬픔과 같은 감정을 인정하는 태도가 필요하다. 이 신드롬을 경험한 사람들은 이러한 감정을 표출하지 않으려다 보니 감정과는 다른 표정을 억지로 지어 보이며 자기 자신을 병들게 한다. 웃음 뒤에 감정을 감춤으로써 집중력이 떨어지고 불면증과 무력감으로 자기 삶이 훼손되는 것보다 솔직한 표현이 나를 지키는 방법이다.

44 스탕달 신드롬
(Stendhal Syndrome)

예술작품을 감상하다가 경외감과 환희를 넘어 지나친 황홀경과 과도한 정서적 혼란, 흥분, 분열, 전신마비를 보이는 증세.

사람들은 위대한 미술작품을 보면 경외감과 환희를 느낀다고 한다. 그러나 똑같은 미술작품을 보아도 아무런 감흥도 느끼지 못하는 사람이 있다. 미술작품을 보며 경외감과 환희를 넘어 지나친 황홀경과 과도한 정서적 혼란, 흥분, 분열, 전신마비 증세를 보인다면, '스탕달 신드롬'을 앓고 있을 가능성이 높다.

스탕달 신드롬은 이탈리아 정신과 의사인 그라치엘라 마게리니가 피렌체 산타크로체 교회의 미술작품들을 보고 스탕달이 느꼈던 충격이 자신의 임상 사례와 유사하여 명명한 것이다. 스탕달은 산타 크로체 교회의 예술작품들을 감상한 후 나오면서 생명이 빠져나가는 것 같고 쓰러질 것 같은 충격을 받았다고 기록했다. 그런데 마게리니는 피렌체를 방문한 관광객들 중 비슷한 증세로 실려 온 환자들을 만난다. 예술작품을 감상하다가 자기통제를 잃고 극도로 흥분한 상태이거나 전신마비, 혼절까지 한 환자들이다.

이와 유사한 사례는 미술작품뿐만 아니라 문학작품과 음악에서도 일어날 수 있다고 한다. 문학작품에 감동하여 가슴이 뛴다던가 눈물을 흘린다던가, 모방하고 싶은 충동을 느낀다거나 하는 것이 비록 경미하지만 스탕달 신드롬에서 보이는 황홀경과 크게 다르지 않다. 이런 경험을 하는 사람의 대부분은 보통 사람에 비해 감수성이 강하다. 그러나 일시적으로 일어날 수 있는 증세이므로 질환으로 보지 않는다.

45 아스퍼거 신드롬
(Asperger Syndrome)

> 자폐 스펙트럼의 양상 중 하나로 또래와 비슷한 수준의 인지와 언어 발달이지만 독특한 행동과 말투를 보이는 증상.

테슬라의 CEO 일런 머스크와 유명 드라마 〈이상한 변호사 우영우〉의 주인공 우영우의 공통점은 '아스퍼거 신드롬'이라고 하는 장애를 가지고 있다는 것이다. 아스퍼거 신드롬은 자폐 스펙트럼 양상 중 하나로 최초의 발견자인 오스트리아 의사 한스 아스페르거의 이름을 따서 명명했다.

아스페르거는 자폐증세를 보이는 몇몇 아동 환자에게서 일반적으로 보이는 자폐 스펙트럼과는 다른 양상을 발견한다. 일반적으로 자폐장애를 가진 아동들은 눈을 마주치지 못한다거나 인지능력, 언어능력이 떨어지는 데 반해 아스퍼거 신드롬을 가진 아동들은 또래와 비슷한 인지와 언어 발달 수준이었다. 그러나 정상 아동과는 달리 특이한 화법을 쓰고, 목소리의 크기나 억양과 운율 표현이 부족하다. 이 질환을 앓는 아동들은 대인관계에서 자신의 관심 분야에만 집중된 대화, 갑작스러운 화제 변경으로 상호작용에 어려움을 겪는다. 또한 경직된 사고와 운동 기능의 저하를 보인다.

이 질환의 정확한 발병 원인은 밝혀지지 않았다. 유전적 요인과 출산 시의 영향, 신경학적인 요인들이 영향을 미치는 것으로 보고 있다. 언어와 인지 발달 수준이 정상아와 다르지 않기 때문에 뒤늦게 발견하는 경우가 많아 청소년기나 성인이 되어서 진단받기도 한다. 아동기에는 독특한 행동과 말투 때문에 또래 집단과 어울리지 못하는 어려움을 겪고, 감각적 자극에 너무 예민하거나 둔하게 반응하여 위험에 처하기도 한다.

이 신드롬은 다른 자폐 스펙트럼보다 치료의 예후가 좋고, 조기에 발견하여 인지 치료, 언어 치료, 사회 기술 훈련, 행동 수정 치료, 교육적 개입을 통해 행동과 언어 문제의 개선이 가능하다. 하지만 뚜렛장애, 강박장애, 우울증 등의 합병증을 동반할 수 있으므로 주변의 세심한 관심과 관찰이 필요하다.

46

알렌 신드롬
(Irlen Syndrome)

난독증의 하나로 특정 색상의 파장에 과민하게 반응하여 책을 읽기 어려운 증상.

'알렌 신드롬'은 난독증의 하나로, 발견자인 미국의 교육심리학자 다나 알렌의 이름을 따서 명명된 시각계 증상이다. 이 증상은 마그노 세포계의 이상으로, 특정 색상의 파장이 지나치게 투과되어 시지각적 스트레스와 시왜곡 증상을 유발하여 난독증을 나타낸다. 특정 색상의 파장에 과민하게 반응하기 때문에 '광과민성 신드롬'이라고도 한다.

알렌 신드롬이 다른 난독증과 구별되는 증세로는 독서할 때 문장이 겹쳐 보이거나 줄이 바뀔 때 잘 찾지 못하는 등의 시왜곡 증상을 보인다는 점이다. 그래서 읽었던 곳을 반복적으로 읽는 행동을 보이지만, 이것은 알렌 신드롬만의 증상은 아니며, 또 다른 난독증에서도 볼 수 있는 증상이다.

알렌 신드롬은 인구의 13~14%가 가지고 있는 비교적 흔한 난독증으로, 알렌 신드롬의 발현은 선천적이며 유전적이다. 아동기에 알렌 신드롬이 발병할 경우 책 읽는 속도가 느리다거나 집중력이 부족하다는 이유로 독서 습관의 문제로만 파악하기 쉽다. 그러나 아동이 밝은 곳보다 어두운 곳에서 책읽기를 선호한다던가, 책을 읽을 때 자주 눈의 피로감과 두통을 호소하거나 안과 검사상 아무런 이상증세가 없음에도 난독 증상을 보인다면 이 증상을 의심해 보아야 한다.

알렌 신드롬은 증상이 시각 기능 문제와 유사한 점이 많아 몇 가지 증상만으로 알렌 신드롬을 속단해서는 안 된다. 반드시 시각 기능 검사상 아무런 질환이 발견되지 않아야 한다. 알렌 신드롬으로 진단이 내려지면 특수필터를 통해 증상의 원인이 되는 색상의 파장을 찾아 교정해준다. 알렌 신드롬은 색상과 빛에 예민하게 반응하는 것이라 특정 색상의 파장만 찾아 교정한다면 거의 정상적인 활자 읽기가 가능하다.

47 외상 후 스트레스 신드롬
(Post Traumatic Stress Disorder Syndrome)

정신적, 육체적으로 심각한 충격이나 상처를 받고 그것이 원인이 되어 1개월 이상 불안감과 무력감, 공포심이 지속되는 증상.

'외상 후 스트레스 신드롬'은 정신적, 육체적으로 심각한 충격이나 상처를 받고 그것이 원인이 되어 1개월 이상 불안감과 무력감, 공포심이 지속되는 증상이다.

외상을 가져오는 것으로는 전쟁, 자연재해, 범죄 피해 등 다양하다. 최근 우리 사회는 '세월호 사건'이나 '이태원 참사'와 같은 충격적인 사건으로 인해 피해 당사자는 물론이고 유가족과 보도기사를 접한 사람들이 이 증상을 호소하기도 했다.

외상 후 스트레스 신드롬의 증상으로는 외상의 경험을 꿈에서 건 현실에서건 반복적으로 떠올리게 되고, 외상과 관련된 것들을 회피하려고 한다. 또한 주변의 사건이나 자극에 민감하게 반응하여 잘 놀라고 수면 장애를 동반하거나 신경질적인 반응을 보인다.

'국가트라우마센터'는 이 신드롬의 원인으로 사고에 대한 충격의 크기, 뇌의 변화, 다른 정신장애의 유무라고 밝혔다. 이에 따르면, 충격의 크기의 경우, 똑같은 외상을 경험했더라도 개인적인 기질과 경험에 따라 충격의 크기가 달라질 수 있다는 것이다. 또한 위기 상황을 넘긴 후 정상적인 심리 상태로 돌아오도록 하는 뇌의 전대상피질이 제대로 작동되지 않아 위기의식을 지속시킨다. 기존에 가지고 있던 정신질환이나 중독성 장애는 증상을 악화시키며 제대로 치료되지 않으면 이런 증상을 동반하게 된다.

미국의 경우 베트남 전쟁과 이라크 전쟁을 경험한 병사들이 제대 후에 사회에 적응하지 못하고 알콜이나 약물 중독으로 이행되는 것에 관심을 가지면서 적극적으로 치료에 나서고 있다. 외상 후 스트레스 신드롬 치료에서 가장 중요한 것은 사회적인 관심과 지지체계이다.

눈에 보이는 상처는 치료하기 쉽지만, 마음에 생긴 상처는 치료하기 어렵다는 말이 있다. 피해자가 마음의 상처를 드러내는 것을 두려워하기도 하지만 질책의 시선과 개인이 극복해야 할 문제로 치부하는 사회적 분위기가 치료를 막기도 한다. 특히 성폭력 피해 여성은 자신의 외상을 드러내는 것을 두려워하고 사회로부터 지지받지 못할 것이라는 불신이 강하다. 이런 경우 사회는 적극적인 위기 개입을 통해 위기를 보는 마음과 태도를 재구성하도록 돕고 건강한 삶으로 돌아갈 수 있도록 지원해야 한다.

카그라스 신드롬
(Capgras Syndrome)

> 자신과 친숙한 관계에 있던 사람을 못 알아보거나 비슷하게 생겼지만
> 다른 사람이라고 인식하는 망상적 동일시.

'카그라스 신드롬'은 망상적 동일시의 하나로, 조현병이나 치매, 뇌 손상으로 인해 발명하는 정신병의 일종이다. 이 증세는 자신과 친숙한 관계에 있던 사람을 못 알아보거나 비슷하게 생겼지만 다른 사람이라고 인식한다. 심한 경우 자기 자신조차 인식하지 못하기도 한다.

그러나 다른 것들을 인식하는 데에는 전혀 문제가 없다. 이 신드롬은 프랑스의 정신과 의사인 조셉 카그라스의 이름을 따 '카그라

스 신드롬' 혹은 '갭 그래스 신드롬'이라고 불리고 있다.

이 증세를 가진 사람들은 친밀도가 높은 배우자나 부모를 인지하지 못하는 사례가 많다. 자신의 배우자를 보고 외모는 같으나 누군가 배우자의 흉내를 내고 있다고 여기거나, 전화 통화로는 부모라는 것을 인지하고 친밀감을 표현하지만 눈앞에 있는 부모는 다른 사람이라고 왜곡하여 인지한다. 거울에 비춘 자기 자신의 모습을 보고도 타인이 자신과 똑같이 흉내 내고 있다고 한다.

이런 증세를 야기시키는 원인을 찾기 위해 여러 연구가 진행 중이다. 미국 캘리포니아대 V.S. 라마찬드라 교수는 자신의 저서《명령하는 뇌, 착각하는 뇌》에서 카그라스 신드롬을 시각 정보와 편도체를 연결하는 회로의 이상 때문이라고 진단하고 있다.

시각 정보와 편도체를 연결하는 회로의 문제로 대상의 외적인 모습은 친밀하였던 대상이라는 것을 알지만 정서적인 친밀감이나 감정을 느낄 수 없어 대상이 자신이 알고 있는 사람이라는 것을 부정한다.

눈에 보이는 대상은 자신이 사랑하는 사람의 모습을 하고 있지만 그에게서 느껴야 할 어떤 감정과 정서도 느껴지지 않는다면 눈앞에 있는 사람이 과연 자신이 사랑했던 사람이라고 믿을 수 있을까. 그래서 이 증세를 가진 환자들은 외모만 같을 뿐 자신이 알던 사람이 아니라고 결론을 내린다. 그리고 가장 친밀했던 사람을 자신을 혼란에 빠뜨리는 부정적인 존재로 규정하여 갈등을 겪는 다소

비극적인 병이다.

하지만 발병률이 낮은 증세이기 때문에 근본적인 치료법은 없으며, 향정신성 약품과 인지행동 치료를 병행하고 있다.

49 파랑새 신드롬
(Bluebird Syndrome)

현실에 만족하지 못하고 불만족스러운 현실을 피하기 위해 막연한 이상향만을 추구하는 심리 현상.

《파랑새》는 벨기에의 극작가 모리스 마테를링크가 쓴 희곡으로, 틸틸과 미틸 남매가 요술 할멈의 부탁을 받고 파랑새를 찾기 위해 벌이는 모험 이야기이다. 시간을 넘나들고 미지의 세계를 모험했지만 끝내 파랑새를 찾지 못한 남매는 현실로 돌아온다. 그리고 그렇게 찾으려고 애썼던 파랑새가 자신들의 집 새장에 있던 새라는 것을 알게 된다. 행복은 멀리 있는 것이 아니라 가까운 곳에 있다는 것을 교훈으로 삼고 있는 이 이야기의 제목에서 유래한 것이 '파랑새 신드롬'이다.

파랑새 신드롬은 희곡의 교훈처럼 가까운 곳에 있는 행복을 보지 않고 현실에 만족하지 못하여 이상향만을 꿈꾸는 심리 현상을 말한다. 파랑새 신드롬은 만족스럽지 않은 현실을 부정하는 것으로부터 시작하여 이상을 추구하는 과정에서 좌절감과 스트레스를 받게 되고 이로 인해 우울증과 자괴감에 빠진다.

이 신드롬은 일반적으로 자신의 꿈을 이루기 위해 노력하는 자세와는 차별성이 있다. 현실을 무시한 무리한 공상과도 같은 이상 설정, 남들은 허상이라고 생각해도 실현 가능하다고 믿는 맹목성, 그렇지만 이상을 실현하기 위한 노력은 하지 않는다는 점이 그렇다. 이 신드롬을 가진 사람은 불만족스러운 현실을 피하기 위해 막연하게 이상을 추구하고 이를 지적하는 주변인들에게 불만을 갖는다.

파랑새 신드롬은 과중한 업무 스트레스에 시달리는 직장인과 학업으로 인한 스트레스를 겪고 있는 학생들이 높은 빈도로 겪고 있는 신드롬 중의 하나이다. 이 신드롬에 취약한 유형으로는 의존성이 높아 자립심이 부족한 유형, 어린 시절부터 부모에게 과잉보호를 받았던 유형, 열등감이 있거나 자존감이 부족한 유형이다. 그래서 부모의 양육 태도가 중요하고, 우울증으로 악화하지 않도록 적절한 심리적 상담이 필요하다.

피터 팬 신드롬
(Peter Pan Syndrome)

성인이지만 자립심이 부족하여 타인에 대한 의존성이 높고 주변 환경에 제대로 적응하지 못해 정신적으로는 미성숙한 상태를 보이는 심리.

'피터 팬 신드롬'은 성인이지만 자립심이 부족하여 타인에 대한 의존성이 높고 주변 환경에 제대로 적응하지 못해 정신적으로는 미성숙한 상태를 보이는 심리를 말한다. 우리에게는 '어른아이'라는 용어로 잘 알려져 있는데, 나이만 어른이지 정신상태는 아이라는 의미이다. 이런 심리적 상황에 있는 사람들은 그 나이에 맞는 역할들에 대한 두려움을 책임회피나 현실도피와 같은 방식으로 해결하려 한다.

피터 팬은 제임스 매튜 베리의 소설 《피터 팬과 웬디》의 주인공으로, 전작인 희곡 《피터 팬, 자라지 않는 소년》이라는 제목을 통해 정체성을 확실히 밝힌 인물이다. 소설에서 피터 팬은 어른이 되기를 거부하고 영원한 아이로 모험과 공상의 세계에서 살아가는 인물로 그려진다. 미국의 임상심리학자인 댄 카일리 박사는 1970년대 이후 확산하기 시작한 젊은 남성층의 이상 심리 상태를 이 주인공의 이름을 따서 '피터 팬 신드롬'이라고 명명했다.

피터 팬 신드롬은 자신이 처한 현실을 부정하고, 스트레스를 받으면 어른스럽지 않은 행동을 보여 주변인에게 유치한 사람으로 비추어진다. 가령, 출근에 대한 스트레스를 받으면 아이처럼 "나, 회사 안 가. 회사에 나 아프다고 전화해줘"라는 식으로 행동하고, 자신이 원하는 것이 있으나 스스로 얻을 능력이 없을 때는 아이처럼 부모를 조르거나 심술을 부리는 등의 퇴행적인 모습을 보인다.

이런 신드롬을 가진 사람들은 대체적으로 책임감이 부족하여 맡겨진 일을 끝까지 처리하지 못하고 자신의 부족함을 남의 탓으로 돌린다. 또한 타인에 대한 배려심이 부족하여 자신의 주장만 내세우며, 경제적으로나 정신적으로 부모에게 의존하는 것을 당연하게 여긴다.

우리나라는 대학 진학률이 높아지면서 성인이 되어도 부모에게서 독립하지 못하는 젊은 층이 많다. 또한 부모 세대가 자녀의 독립에 적극적이지 않아서 자녀가 결혼 전까지 함께 지내는 경우도 많다. 이런 데에는 젊은 층의 미취업률이 높고 주택비용의 부담이라는 사회적 요인도 있지만 부모의 양육 태도가 무엇보다 크게 작용한다.

아이가 어른으로 성장하기 위해서는 성공에 대한 경험도 있어야 하지만 좌절과 실패를 극복하는 과정도 필요하다. 그러나 부모 세대의 과보호는 자녀가 정신적으로 부모로부터 자립할 기회를 박탈하고 부모의 영향력에서 벗어나지 못하는 미성숙한 어른으로 키워낸다.

어미 새는 새끼가 스스로 알을 깨고 나올 수 있도록 기다려준다. 새끼가 알 속이 편안하다고 알 속에 머무르거나 어미 새가 알을 깨줄 때까지 기다린다면 그 새는 하늘이라는 세상을 만나지 못할 것이다. 그리고 현실에는 소설 《피터 팬》에서처럼 영원히 아이로 살 수 있는 '네버랜드'가 없다.

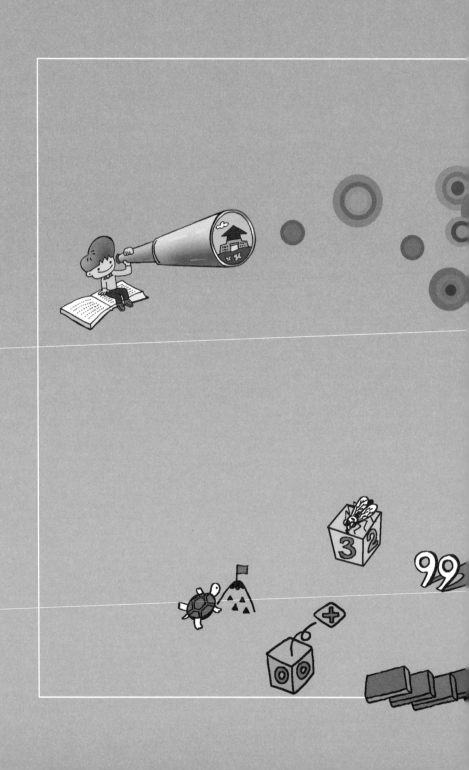

PART 4

알아두면
쓸모 있는 개념어

깨진 유리창 이론(Broken windows theory)

이 이론은 범죄학자인 제임스 윌슨과 조지 켈링이 공동 발표한 〈깨진 유리창〉이란 글에서 비롯된 것으로, 사소한 무질서를 방치하면 큰 사회적 문제로 이어진다는 이론이다. 사람이 사는 집이라면 유리창이 깨진 채로 방치하진 않을 것이다. 깨진 유리창이 그대로 있다면 빈집이라는 것을 인지한 범죄자나 범죄를 도모하는 사람들에 의해 범죄의 온상이 될 수 있다. 깨진 유리창으로 대변되는 무질서는 우리 주위에서 흔하게 접할 수 있다. 누군가 몰래 내다 버린 쓰레기 위에 또 다른 쓰레기가 쌓여 골목을 막거나, 금연 구역에 버려진 담배꽁초 몇 개가 법을 무시하고 흡연구역화 되는 모습. 경찰이 사소하게 지나친 피해자 신고가 피해자의 죽음으로 이어지기도 한다. 우리 속담에 '도둑놈에게 문 열어준다'라는 게 있다. 나쁜 사람에게 나쁜 일을 할 기회를 주어 피해를 본다는 뜻인데, 깨진 유리창을 방치하는 것도 이와 같다.

그레셤 법칙(Gresham's Law)

16세기 영국 금융가인 토머스 그레셤의 이름에서 유래한 이 법칙은 같은 명목 가치를 가지지만 액면 가치가 다른 화폐가 시중에 풀리면 금속의 질이 낮은 화폐가 질이 높은 화폐를 밀어낸다는 경제학 이론이다. 16세기에 영국은 은화를 통화로 쓰고 있었는데, 재정 확충을 위해 은의 함량을 줄인 은화를 유통했다. 은화의 액면 가치를 낮추자 은의 함량이 높은 은화는 유통되지 않고 질이 낮은 은화만이 통용됐다. 그레셤은 이러한 현상을 "악화가 양화를 구축한다"라고 했으며, 금본위제가 지폐 화폐로 전환될 때까지 유지되었다. 이 법칙은 경제학 이론뿐만 아니라 사회 전반에 적용되고 있다. 예를 들면, 인터넷을 기반으로 한 미디어의 발달은 다양한 공론의 장으로 활용되는 순기능이 많았지만, 현재는 가짜뉴스와 편향적인 내용들로 여론 형성을 무력화하는 측면이 많아졌다.

노아 신드롬(Noah Syndrome)

'애니멀 호딩(Animal Hoarding)'이라고도 하는 '노아 신드롬'은 강박적으로 사육할 능력이 없는데도 다수의 동물을 키우는 정신장애이다. 저장 강박증인 디오게네스 신드롬과 같은 심리 상태를 보이는데, 디오게네스 신드롬이 쓰레기와 같은 물건들을 축적한다면 이신드롬은 생명체를 축적한다는 점에서 위험하다. 그리고 대부분 애정이 없이 동물을 축적의 대상으로만 인식하기 때문에 사육자로서의 책임과 의무를 이행하지 않는다. 그로 인해 최소한의 생명 유지를 위한 조치도 없이 동물을 방치하는 경우가 많아 동물 학대 행위로 본다. 저장 강박증은 자신의 상황을 인지하지 못하는 정신장애라서 생활환경이 열악해지는 과정을 인지하지 못하고, 이로 인해 사람과 동물이 모두 건강과 생명에 위협을 받을 수 있다.

롱테일 법칙(Long tail theory)

'파레토의 법칙(Pareto principle, 상위 20%가 전체 생산의 80%를 해낸다는 법칙)'과 대비되는 법칙으로, 주목받지 못했던 다수가 20%의 소수를 넘어서서 영향력을 행사한다는 법칙이다. 미국의 잡지 〈와이어드〉의 편집장인 크리스 앤더슨이 창안한 용어로, 파레토의 곡선에서 동물의 꼬리처럼 길게 늘어진 모습을 보고 지칭했다. 이것은 IT 의 발달로 소비자들이 다양한 매체와 방법으로 소비에 대한 접근성 이 넓혀지면서 일어난 현상이기도 하다. 오프라인상에서는 소액을 지출하는 소비자이지만 온라인상에서는 이런 소액지출 소비자들이 대부분의 매출을 점하는 것이 그 예이다.

리마 신드롬(Lima Syndrome)

'리마 신드롬'은 '스톡홀름 신드롬(Stock Holm Syndrome, 극한 상황에서 범죄자에게 동조하거나 공감하는 현상)'과 대비되는 신드롬으로, 인질범이 볼모가 된 사람들에게 정신적으로 동화되는 심리이다. 1996년 페루 리마에서 반군들이 일본대사관을 점령하여 대사관 직원들을 억류했던 사건에서 유래한 용어이다. 이 사건은 3개월 이상 억류되었던 인질들과 인질범들 사이에서 형성된 정서적 유대가 인질범들을 우호적으로 바꾼 심리를 보여준다. 반군들은 마지막 협상이 결렬되던 때 사살당할 것을 알면서도 인질들을 모두 풀어주고 죽음을 택했다.

머피의 법칙(Murphy's Law)

잘못 끼워진 첫 단추로 인해 끝까지 단추가 잘못 끼워지는 결과를 낳듯이 일이 풀리지 않고 계속 꼬이기만 하다가 결국 잘못된 결과에 도달하는 것을 '머피의 법칙'이라고 한다. 수많은 선택지가 있는데 가장 좋지 않은 선택지를 택하거나, 평소와는 다른 선택을 했다가 좋지 않은 결과를 맺었을 때 흔히 쓰이는 용어이다. 이것은 개별적으로 잘못된 일들이 연거푸 일어나는 것 같지만 처음의 잘못된 선택이 이후의 일들에도 영향을 준다.

메라비언 법칙(The Law of Mehrabian)

'메라비언 법칙'은 대화에서 언어적 표현보다는 비언어적 표현이 중요하다는 것을 보여주는 법칙이다. 미국 UCLA의 심리학과 명예교수인 앨버트 메라비언의 커뮤니케이션이론 연구 결과에 따르면, 첫 대면 상대를 접했을 때 상대의 인상을 결정짓는 요소가 몸짓 55%, 목소리 38%, 언어 내용 7%라고 한다. 다시 말해 대화에 있어 몸짓이나 목소리와 같은 비언어적 표현이 언어적 표현인 언어 내용보다 중요시된다는 것이다. 아무리 좋은 내용의 말이라도 이미지를 무시하면 상대를 효과적으로 설득하기 어렵고, 이미지에만 충실한 말은

속 빈 강정이 될 수 있다. 그래서 메라비언은 대화에 있어 언어 내용과 시각적 이미지, 청각적 이미지가 일치해야만 효과적인 의사소통이라고 보았다.

방아쇠 효과(Trigger Effect)

'방아쇠 효과'는 '트리거 효과'라고도 하며, 평형이 유지되고 있는 상황에서 작은 요인의 변화만으로도 그 영향이 연쇄적으로 확대되어 전체에 큰 변화를 가져오는 것을 뜻한다. 환경, 사회, 심리, 경제 등의 다양한 분야에 적용되고 있는 효과로, 특히 환경 분야에서 안정된 생태계에 대한 인위적 개입의 결과를 잘 보여주는 효과이다. 역사적인 예로는 농촌을 시찰하던 중국의 마오쩌둥이 참새들을 보고 해로운 새라고 지적하여 참새박멸이 이루어졌던 사건이 있다. 이 대대적인 참새박멸로 해충이 창궐했고 농작물이 초토화돼 그해 3천만 명의 사람들이 굶어 죽은 대참사가 일어났다. 지도자의 잘못된 판단에서 나온 한 문장의 말이 가져온 결과이다. 또한 사소하게 여겨지는 잘못된 사회적 관행이 연쇄적으로 잘못된 결과를 가져오면서 사회 전체에 크나큰 부정적 영향을 주는 것도 이 효과의 예라 할 수 있다.

벽에 붙은 파리 효과(Fly on the wall Effect)

이 효과는 실패와 좌절을 경험했을 때 자신의 상황을 제3자의 입장에서 관조적으로 바라보면 긍정적인 결과를 가져온다는 심리이다. 미국 심리학자 오즈렘 에이덕과 이선 크로스가 이 효과를 설명하기 위해 비유적으로 사용한 것이 벽에 붙은 파리이다. 그들은 실험을 통해 자신의 실패와 좌절을 1인칭 시점으로 떠올린 피실험자가 그때의 경험으로 인한 불쾌감으로 생리적인 변화를 일으키는 것을 관찰했다. 그러나 3인칭의 시점으로 자기 자신의 경험을 떠올린 피실험자는 그러한 변화를 일으키지 않았고, 고통스러운 경험을 긍정적으로 받아들이려는 노력도 한다는 것을 밝혔다. 이 효과는 자기 객관화의 기법으로 심리치료와 상담에 활용하고 있다.

상승 정지 신드롬(Rising Stop Syndrome)

목표를 달성하기 위해 최선을 다했던 사람이 목표를 이루고 난 후에는 극도의 허무감과 공허함으로 방황하는 심리 상태를 '상승 정지 신드롬'이라고 한다. 일반적으로 목표를 이룬 사람이 성취감과 함께 허탈감을 느끼는 심리이지만, 성취감 없이 목표를 상실했을 때도 느끼는 심리이다. 사람들은 목표를 세울 때 그것을 달성한 후의 상황이나 달성하지 못했을 때의 상황을 생각하지 않고 맹목적으로 에너지를 소모한다. 산을 오를 때 산봉우리에 닿는 것만이 목표이면 산에서 내려오는 길은 고통스럽다. 그러나 산에서 내려올 때 여유를 갖고 주변을 둘러보겠다는 마음가짐이 있다면 허무감과 공허감을 덜 느낄 것이다.

샐리의 법칙(Sally's Law)

'샐리의 법칙'은 '머피의 법칙'의 반대개념으로 자신이 바라던 대로 일이 유리하게 진행될 경우를 뜻한다. 예를 들어, 늘 티켓팅에 실패한 공연이 같은 노력이 없었는데도 성공한다든가, 평소에 보고 싶었던 사람을 우연한 장소에서 만나게 된다든가 할 때 샐리의 법칙이 통한다고 생각한다. 부정적인 사고는 부정적인 결과를 가져오는 것처럼 샐리의 법칙은 긍정적인 사고방식을 가지고 있는 경우에 실현 가능성이 높다.

스톡홀름 신드롬(Stockholm Syndrome)

스톡홀름 신드롬은 인질들이 인질범에게 정서적으로 유대감을 갖게 되는 심리 상태를 말한다. 이 명칭은 1973년 스웨덴 스톡홀름의 은행에서 일어났던 무장 강도 인질 사건에서 유래한다. 이 사건에서 인질들은 6일간 인질범과 지내면서 정신적으로 동화되어 도리어 자신들을 구하러 온 경찰에게 적대감을 드러냈고, 구속된 인질범들에게 불리한 증언을 하지 않았으며, 그들을 위해 법원에 탄원서를 제출하기도 했다. 심리학자들은 이러한 심리를 인질범과 자신을 동일시하여 두려움과 공포를 극복하려는 방어기제로 본다.

양 떼 효과(Herding Effect)

'양 떼 효과'는 개인이 다수의 행동에 영향을 받아 그들의 행동을 모방하려는 심리이다. '편승 효과'라고도 하는 이 심리는 자신의 의지와 판단보다는 다수의 의견과 판단에 동조하는 것이 집단에 배척당하지 않고 집단의 일원으로 수용될 수 있다는 심리에서 비롯된다. 자신의 가치관과 판단보다는 다수의 가치관과 판단을 우선하여 다수가 움직이는 대로 같이 움직이는 경우이다. 최근 주식투자자들이 분석적으로 투자하기보다는 투자자들이 몰리는 곳으로 대거 유입되는 상황도 양 떼 효과의 예라 할 수 있다.

언더독 효과(Ungerdog Effect)

'언더독'은 싸움에서 '밑에 깔린 개'라는 의미로, 스포츠에서 승률이 낮은 팀이나 선수를 지칭하는 말로 사용되었다. 이러한 언더독에 해당하는 사람들을 응원하고 지지하는 심리가 언더독 효과이다. 스포츠뿐만이 아니라 불우한 환경이나 힘든 상황에서도 열심히 살아가는 사람들이 잘 되기를 바라는 마음도 이에 해당한다. 이는 사람들의 심리가 불리한 상황에서도 최선을 다하는 모습을 통해 감동과 치유를 받고 언더독의 성공을 통해 카타르시스를 느끼는 이타심에서 온다.

애쉬 효과(Asch Effect)

동조현상에 관한 심리실험을 했던 심리학자 솔로몬 애쉬의 이름을 딴 효과로, 내가 가진 답이 정답일지라도 내가 속한 집단이 오답을 정답이라고 하면 자신도 집단의 오답을 따르는 것을 말한다. 애쉬는 실험에서 다수의 연기자를 투입하여 오답을 정답으로 선택하게 하고 유일한 피실험자의 선택을 관찰했다. 그 결과 피실험자는 눈에 보이는 정답을 두고도 다른 참여자들의 오답을 정답으로 선택했다. 이러한 경향은 집단의 인원이 많고 모두가 동일한 답을 내놓을수록 동조가 강하게 일어난다. 이것은 특히 개인의 의사결정이 자유롭지 않은 조직풍토에서 잘 드러나며 집단의사결정의 문제점을 보여준다.

엥겔 법칙(Engel's Law)

가계의 지출총액 중 식료품 구입비가 높을수록 소득이 낮고 낮을수록 소득이 높다는 것으로, 소득수준과 식료품 구입비의 관계를 밝힌 것이 '엥겔 법칙'이다. 이때 적용되는 것이 엥겔계수이다. 엥겔계수는 가계의 지출총액에서 식료품 구입비가 차지하는 비율을 말한다. 엥겔계수가 높은 가계를 저소득 가계, 낮은 가계를 고소득 가계로 구분한다. 엥겔계수는 나라별 경제와 생활 수준 파악에 자주 이용된다.

연쇄 효과(Linkage Effect)

'연쇄 효과'는 산업 활동에서 한 분야의 변화가 다른 분야에 영향을 미치는 경제적 효과를 말한다. 연쇄 효과는 전방 연쇄 효과와 후방 연쇄 효과로 나눠진다. 전방 연쇄 효과는 한 사업 부문이 발전하면 그 산업의 생산물이 투입되는 다른 산업도 함께 발전하는 것으로, 자율주행 같은 기술의 발전이 이 기술을 도입한 자동차 산업이나 선박, 항공산업에도 영향을 미치는 것과 같은 의미이다. 후방연쇄 효과는 한 산업 부문이 발전하면 그 산업에 투입되는 중간 투입재의 생산도 증가하여 발전한다는 것이다. 가령, 자동차 산업이 발달하면 자동차 관련 소재의 생산업체나 자동차 생산지의 부동산, 노동력도 활성화되어 전반적으로 경기가 좋아지는 효과가 있다.

오컴의 면도날(Occam's Razor)

윌리엄 오컴은 중세 철학자이자 신학자였던 인물로, 당시 팽배해 있던 가정적이고 비현실적인 사례들을 비판하며 불필요한 가설들을 잘라내야 한다고 주장했다. 이런 오컴의 표현대로 면도칼처럼 어떤 상황이나 현상을 판단할 때 불필요한 가설들을 잘라내고 설명을 단순화하는 것을 지칭하는 철학적 용어로 쓰인 것이 '오컴의 면도날'이다. 이것은 모든 것을 분석할 때 필연성이 없는 관념에 얽매이지 않고 합리적으로 사고할 것을 강조하고 있다. 오컴의 면도날은 필요 없는 가설과 본질을 흐리는 많은 가정들을 깨끗이 잘라내고 단순화한다 하여 경제성의 원리, 단순성의 원리라고 한다.

유동성 딜레마(Liquidity Dilemma)

유동성은 형편에 따라 이리저리 변동될 수 있는 성질을 뜻하는 용어로, 기축통화 역할을 하는 국가의 통화가 유동성이 커지면 무역수지 적자로 신뢰도가 떨어지고, 신뢰도를 높이기 위해 적자를 줄이면 유동성이 작아지는 것을 '유동성 딜레마'라고 한다. 이것은 현재 기축통화인 미국의 달러가 직면한 불균형의 문제인 '트리핀 딜레마(Triffin's dilemma, 기축통화국이 기축통화의 국제 유동성을 유지하기 위해 경상수지 적자를 지속할 수밖에 없는 경제적 모순)'를 관통하는 것으로, 무역수지의 적자도 흑자도 선택하기 어려운 미국의 상황을 보여주는 딜레마이다.

유인 효과(Attraction Effect)

소비자가 제품을 구매할 때 두 가지의 상품을 선택해야 할 상황에서 열등한 제품을 끼워 넣어 소비자 입장에서는 선택의 폭을 넓히는 것 같지만 기업의 의도대로 상품을 구매하게 하는 마케팅 심리이다. 가령, 가격대가 다른 A사의 핸드폰과 B사의 핸드폰이 있을 때 기능적으로 우수하여 비싼 것이나 가격이 저렴한 핸드폰을 선택하게 된다. 이때 상대적으로 가격이 저렴한 핸드폰이 B사의 핸드폰이라고 했을 때 B사는 가격은 동일하지만 기능적으로 기존의 B사 핸드폰보다 떨어지는 핸드폰을 미끼제품으로 출시한다. 그러면 소비자는 B사의 기존 핸드폰을 긍정적으로 판단하여 구매할 확률이 높아진다. 기업의 같은 제품이라도 대, 중, 소의 용량을 내놓으면 대부분 중 용량의 제품을 구매한다고 한다. 이는 소비자가 극단적인 선택을 피하려는 타협 효과에서 기인한다.

일물일가 법칙(Law of one price)

'일물일가의 법칙'은 동일한 물건은 하나의 가격만으로 거래한다는 가설 법칙을 말한다. 완전경쟁시장 체제라는 전제에서 가능한 법칙이다. 이는 볼펜 한 자루의 가격이 천 원이라면 어느 나라에나 천 원에 판매되어야 한다는 것이다. 만약 우리나라에서 볼펜이 9백 원에 팔린다면 다른 나라들은 그것을 수입하여 백 원의 이익을 남기려고 할 것이다. 그러다 보면 수입한 나라는 공급량이 늘어나 경쟁적으로 가격을 낮추게 되고 우리나라는 공급되는 볼펜들이 다른 나라로 가면서 공급량 부족으로 가격이 오른다. 이런 상황이 지속되면 우리나라나 다른 나라 볼펜의 가격이 비슷해진다. 그러나 실제 경제에서는 관세와 운반비용, 인건비 등의 다양한 거래 비용들이 발생하여 동일한 물건이라도 동일한 가격이 형성되지 않는다. 이 때문에 거래비용이 다른 실제 경제에서는 이 법칙이 적용되기 힘들고, 거래비용이 적게 발생하는 외환시장에는 적용되고 있다.

입스 신드롬(Yips Syndrome)

스포츠 선수들이 국소성 이긴장증의 증세를 보이는 것을 '입스 신드롬'이라고 한다. 국소성 이긴장증은 의식하지 못한 상태에서 제어할 수 없는 근육수축이 발생하여 자세를 비정상적으로 취하거나 돌발운동증상을 보이는 질환이다. 그러나 입스 신드롬은 심리적인 원인으로 발병하는 경우가 많고, 국소성 이긴장증에 해당하는 경우는 일부라서 증세가 비슷해도 모두 국소성 이긴장증으로 보기 어렵다. 투수가 아무런 이유 없이 갑작스럽게 제구를 할 수 없게 된다거나 골프선수가 특정한 동작을 취해야 하는 상황에서 그 동작을 수행되지 못하는 것이 대표적인 사례이다.

줄리의 법칙(Jully's Law)

성공은 우연을 가장하여 나타난다고 하지만 하나의 우연이 이루어지기 위해서는 수많은 필연의 순간들이 쌓여야 가능하다. '줄리의 법칙'은 갑자기 찾아든 행운이 아니라 준비된 자들이 성공을 위해 최선을 다해 행동으로 옮길 때 기적 같은 순간들이 올 수 있다는 경험적인 법칙이다. 수많은 성공자의 사례를 보면 거듭된 시행착오를 거치면서도 그것이 성공할 거라는 확신을 갖고 끊임없이 노력했다는 공통점이 있다.

최소량 법칙(Law of minimum nutrient)

독일의 식물학자 유스투스 리비히는 식물 성장의 필수성분으로 질소, 인산, 칼리를 꼽으며 식물의 성장을 좌우하는 것이 대부분의 성분이 풍족할 때가 아닌 이것 중 하나가 부족할 때라고 했다. 풍족한 요소가 아닌 부족한 소요가 전체에 미치는 영향이 크다는 것이다. 10 중 9를 잘하지만 부족한 1이 전체를 좌우하는 것, 이것이 '최소량의 법칙'이다. 부족한 하나를 채우지 못한다면 다른 것이 아무리 넘치게 많아도 좋은 결과를 가져올 수 없다는 것이다. 식물뿐만이 아니라 최소의 단점이 개선되지 않는다면 다수의 장점까지 깎아먹는 상황은 흔하게 발견된다. 예를 들어, 모든 조건을 완벽하게 갖추고 있지만 성격적인 결함이나 잘못된 신념 등이 그 모든 장점을 덮는 경우이다.

파레토 원칙(Pareto Principle)

파레토 원칙은 이탈리아의 경제학자 빌프레도 파레토에 의해 고안된 것으로, 20%의 원인이 80%의 결과를 가져온다는 원칙이다. 이 원칙은 경제학과 비즈니스에서 많이 활용되고 있는데, 조셉 주란이 이 원칙을 품질관리에 적용하면서 널리 알려지게 되었다. 가령, 상품 80%의 결함은 치명적인 20%의 결함에서 비롯되고, 스포츠 분야의 경우 80%의 득점이 20%의 선수에 의해 이루어진다는 것이 그 예라 할 수 있다. 백화점에서 소수의 고객을 VIP로 특별 대우하는 것도 이를 반영한 것이다. 이 법칙은 문제해결을 위해 우선순위를 정하는데 유효하게 적용되고 있다.

피셔 효과(Fisher Effect)

'피셔 효과'는 인플레이션과 금리 사이의 관계를 설명하는 경제 이론으로, 경제학자인 어빙 피셔가 제안했다. 이 효과에 따르면 시중의 명목금리와 실질금리의 차이가 예상 인플레이션이며, '명목금리=물가 상승률+실질금리'라는 방정식으로 성립된다. 여기에서 명목금리는 물가 상승률을 반영하지 않는 금리를 뜻하고, 실질금리는 명목금리에서 물가 상승률을 차감한 금리를 뜻한다. 중앙은행은 인플레이션이 증가할 것으로 예상되는 경우에는 금리를 인상하여 인플레이션 상승을 억제하고, 인플레이션이 감소할 것으로 예상되는 경우에는 금리를 인하하여 경제 활동을 활성화하여 통화를 안정적으로 유지한다.

핀볼 효과(The Pinball Effect)

'핀볼 효과'는 제임스 버크의 저서에서 유래한 개념으로, 사소한 사건이나 물건 하나가 도미노처럼 연결되어 범위가 확대되면서 그 영향력이 역사적 사건을 만들어낸다는 현상이다. 도미노에 핀들이 개별적인 것처럼 보이지만 핀 하나가 쓰러지면 연쇄적으로 다른 핀들이 쓰러지는 것처럼 사소한 사건이나 물건 하나가 다른 것들과의 상호작용을 통해 변화를 만든다. 주전자의 뚜껑이 증기로 인해 들썩거리는 것을 보고 착안한 증기기관이 산업혁명을 이루고 교통수단을 획기적으로 변화시키면서 산업혁명을 이룬 역사가 그 예라 할 수 있다.

하인리히 법칙(Heinrich's Law)

'하인리히 법칙'은 미국의 산업 안전에 큰 변화를 가져온 법칙이다. 이 법칙은 보험회사에서 산업 재해 보상 관련 업무를 맡은 허버트 W. 하인리히가 자기 자신의 경험을 바탕으로 산업 재해를 분석하여 쓴 산업사고를 예방하기 위한 체계적인 접근법에 대한 저서를 통해 알려졌다. 그는 이 책에서 하나의 대형 산업 재해가 일어나기 전에 29번의 작은 산업 재해가 일어나고 300번의 노동자 부상이 발생한다고 주장했는데, 이 1:29:300의 법칙이 하인리히 법칙이다.

후광 효과(Halo Effect)

'후광 효과'는 어떤 사물이나 대상의 부분적인 특징을 세부적인 특징들에 연관 지어 전체적으로 긍정적이거나 부정적으로 판단하는 효과이다. 호감을 주는 외모의 사람을 보고 성격도 좋고 가정환경도 좋을 것으로 판단한다든지, 어떤 회사의 제품을 하나 사용했는데 불만족스러웠을 때 그 회사의 전 제품에 대해 부정적인 판단을 내리는 것이 그 예이다. 우리 속담에 '하나를 보면 열을 안다'는 것에 가까운 효과이지만, 쉽게 일반화의 오류(부분적인 사실만으로 전체를 판단하는 데서 오는 오류)에 빠질 수도 있다.

J 곡선 효과(J-curve Effect)

'J 곡선 효과'는 환율이 상승하는 초기에는 무역수지가 악화하지만 일정 시간이 지나면 무역수지가 개선되는 효과로, 무역수지의 변동 그래프가 'J' 모양 같아 보인다고 해서 붙여진 이름이다. 무역수지는 수출액에서 수입액을 뺀 것으로 초기에 수출입물량을 조정하는 기간에 환율이 상승하면 일시적으로 무역수지가 악화한다. 그러나 수출입상품이 가격경쟁력의 변화에 따라 물량 조절이 안정화되면 무역수지가 개선된다. J 곡선은 환율의 변동에 따라 좌우되는데, 무역수지 개선을 위해서는 환율이 상승하는 것이 좋지만 이는 수입품을 구매하는 소비자에게는 상승에 따른 부담감을 준다. 또한 반대로 환율을 절하할 경우 경기는 활성화되더라도 무역수지가 적자가 된다.

VDT 신드롬(Visual Display Terminal Syndrome)

'VDT 신드롬'은 컴퓨터, 스마트폰, 태블릿 등의 영상표시 단말기를 장시간 지속적으로 사용했을 때 생길 수 있는 어깨, 목, 허리 부위에서 발생하는 경견완증후군과 근골격계증상, 눈의 피로, 피부 증상과 같은 정신신경계 증상을 말한다. 대표적인 사례가 거북목 신드롬이고, 영상을 오래 응시해서 생기는 안구건조증도 이 신드롬에서 기인한다. 이 외에도 기기를 다루는 동안 손목관절을 과도하게 사용하여 팔목 인대가 늘어난다든가 근막통증과 같은 증세를 보이기도 한다. VDT 신드롬을 예방하기 위해서는 이들 기기의 사용 시간을 줄이고, 스트레칭을 통해 근육을 풀어주며, 눈을 의식적으로 깜박거려주는 것이 도움이 된다.

지식 벽돌 01

시간이 부족해 국어 시험 망친 십대에게

알아두면 좋을 딜레마·신드롬·효과·법칙

초판 1쇄 발행 2024년 8월 12일

지은이 이윤옥
기획 김민호 | **디자인** 이선영
표지&본문 일러스트 유환석
종이 다올페이퍼 | **제작** 명지북프린팅

펴낸곳 초봄책방
출판등록 제2022-000040호
주소 경기도 파주시 가온로 205, 717-703
전화 070-8860-0824 | **팩스** 031-624-8894
이메일 chobombooks@hanmail.net
인스타그램 @paperback_chobom